**안녕하세요, 선생님!
다시 돌아왔어요**

**안녕하세요, 선생님!
다시 돌아왔어요**

한 권으로 만나는 한-인니 국제교류 프로젝트

초 판 1쇄 2025년 08월 27일

지은이 이창근, 라하유 술리스티야니
펴낸이 류종렬

펴낸곳 미다스북스
본부장 임종익
편집장 이다경, 김가영
디자인 윤가희, 임인영
책임진행 이예나, 김요섭, 안채원, 김은진
일러스트 윤일주

등록 2001년 3월 21일 제2001-000040호
주소 서울시 마포구 양화로 133 서교타워 711호
전화 02) 322-7802~3
팩스 02) 6007-1845
블로그 http://blog.naver.com/midasbooks
전자주소 midasbooks@hanmail.net
페이스북 https://www.facebook.com/midasbooks425
인스타그램 https://www.instagram.com/midasbooks

ⓒ 이창근, 라하유 술리스티야니, 미다스북스 2025, *Printed in Korea*.

ISBN 979-11-7355-378-3 03810

값 19,000원

※ 파본은 구입하신 서점에서 교환해드립니다.
※ 이 책에 실린 모든 콘텐츠는 미다스북스가 저작권자와의 계약에 따라 발행한 것이므로 인용하시거나 참고하실 경우 반드시 본사의 허락을 받으셔야 합니다.

미다스북스는 다음세대에게 필요한 지혜와 교양을 생각합니다.

한 권으로 만나는 한-인니 국제교류 프로젝트

안녕하세요, 선생님! 다시 돌아왔어요

이창근

라하유 술리스티야니

미다스북스

추천사

"단기성 프로젝트로 시작된 교사 교류 사업은 이후 다양한 형태의 교육 교류 활동으로 확장되었고, 이 책은 그 여정을 담은 하나의 연대기입니다. 단순한 참여에서 자발적으로 교류의 폭을 넓혀 간 교사들의 모습 속에서, 국경을 넘는 지속 가능한 교육 활동의 생생한 현장들을 목도하게 됩니다.

한국-인도네시아 교사 교류 사업을 총괄한 담당자로서, 이 책이 차세대 교육자들과 교사들에게 지속 가능한 교육 교류 및 협력을 위한 실천적 교과서로 활용되기를 바랍니다. 아울러, 교육이라는 매개를 통해 사람과 사람이 연결되고, 다양한 지역 사회 간의 교류가 이루어지며, 국제적 교육 협력이 지속 가능하다는 것을 보여주는 모범적 사례로 자리매김하기를 기대합니다."

김승민 *Danielle Kim*

전(前) 유네스코 아태교육원 한국-인도네시아 교사 교류사업 담당자

"두 분 선생님과 함께했던 시간은 제 교직 생활에서도 잊지 못할 아름다운 장면으로 남아 있습니다. 특히 라하유 선생님은 제게 '한국 엄마'라고 불러줄 정도로 깊은 애정을 나눠주었고, 저 또한 그 마음에 보답하고 싶었습니다. 라하유 선생님의 따스한 눈빛과 이창근 선생님의 멈추지 않는 열정은, 교사라는 이름에 깃든 가능성과 사명을 다시금 되새기게 해주었습니다. 이 책에는 그 울림 깊은 순간들이 담겨 있습니다. 교실에서 시작된 만남이 국경을 넘어 사람과 사람을 연결하고, 배움의 감동이 어떻게 세계로 확장될 수 있는지를 보여주는 따뜻한 기록입니다."

이경옥

전(前) 전라초등학교 교장

"이 책에는 한국과 인도네시아의 학생들을 연결하기 위해 창의적 교육 방안을 고안하고 환대와 배려를 베풀며 우정을 쌓은 교사들의 이야기가 담겨 있습니다. 학문이 사회와 세계를 이해하는 도구라면, 교육은 라하유 선생님의 표현처럼 그 이해를 삶으로 연결하는 다리인 것 같습니다. 인도네시아를 오랫동안 연구해 온 학자이자 그 사회에 깊은 애정을 품고 있는 한 사람으로서, 학교 현장에서 학생 교류를 통해 그 다리를 직접 만들고 건너고 있는 이창근 선생님의 모습은 인상 깊게 다가왔습니다. 그의 여정은 그 다리 위에 사람의 체온이 느껴지는 발자국을 남기고 있으며 국경을 넘어선 우정과 배움이 교육 현장에서 어떻게 구현될 수 있는지를 감동적으로 보여줍니다. 교육이란 결국 사람을 향한 마음, 그 연결의 이야기임을 다시금 느끼게 합니다. 이 책을 진심으로 추천합니다."

전제성

전북대학교 동남아연구소장

"Saya mengikuti kisah Guru Lee dan Guru Rahayu sejak awal, dan merasa sangat tersentuh melihat semangat kolaborasi dan pertukaran antara guru-guru dari dua negara. Buku ini adalah bukti nyata bahwa pendidikan lintas budaya dapat membangun jembatan persahabatan yang kuat. Semoga kisah ini menginspirasi lebih banyak guru di Indonesia dan Korea."

"저는 이창근 선생님과 라하유 선생님의 이야기를 처음부터 지켜보았습니다. 두 나라 선생님들의 따뜻한 협력과 교육에 대한 열정은 매우 감동적이었습니다. 이 책은 문화와 국경을 넘어선 교육이 얼마나 깊고 든든한 우정을 만들 수 있는지를 보여주는 살아 있는 증거입니다. 이 이야기가 더 많은 한-인 교사들에게 영감이 되기를 진심으로 바랍니다."

Gogot Suharwoto 고곳 수하르워토

인도네시아 교육부 유아 · 초등 · 중등 교육 국장

"낯선 두 나라의 아이들이 지구 환경 문제를 함께 고민한 맹그로브숲 프로젝트는 저에게 큰 울림이었습니다. 어색한 영어 발음으로 진지하게 고민하고 답을 찾는 아이들의 모습에서 밝은 미래를 보았기 때문입니다. 국가 간 산림 협력을 이끄는 사람으로서, 저도 아이들의 세상 속으로 푹 빠져들었습니다. 이 모든 시작은 이창근 선생님과 라하유 선생님의 작은 연결에서 비롯되었습니다. 선생님들은 아이들이 지구 공동체를 걱정하는 세계 시민으로 자라날 수 있도록 교실 밖 또 다른 교실을 만들어 주셨습니다. 이 책이 더 많은 선생님들에게 영감을 주어, 환경 교육과 국제교류의 소중한 가치가 널리 퍼지기를 진심으로 바랍니다. 두 분 선생님을 만난 아이들은 행운아입니다."

정철호

한국 · 인도네시아 산림협력센터장

프롤로그

같은 시간, 같은 공간에서 우리는 서로를 만났습니다

이 이야기는 유네스코 아시아태평양 국제이해교육원(APCEIU)의 국제 교사 교류 사업으로부터 시작되었습니다. 저는 인도네시아에서 온 두 선생님의 학교생활과 한국 생활을 돕는 멘토 교사로 이 여정에 함께하게 되었습니다.

그 시간 동안 저는 참 특별한 감정을 느꼈습니다. 마치 『냉정과 열정 사이』 소설처럼요.

같은 시간, 같은 공간에 있었지만, 한국인 교사로서 제가 바라본 풍경과 그들이 마주한 세계는 조금씩 다르게 채색되어 있었을지도 모릅니다.

서로의 다른 언어, 문화, 감정이 마주치며 빛나던 순간들 속에 우리가 미처 말하지 못하고 남겨둔 이야기들이 있었을 거라는 생각이 들었습니다. 저는 그것들이 무엇이었는지 알고 싶어졌습니다.

그 궁금함이 이 책의 시작이 되었습니다.

국제 교사 교류 활동을 마친 후, 이제는 본국으로 돌아가 여전히 국제교류 수업으로 저와 함께하고 있는 라하유 선생님에게 원고 작업을 제안했습니다. 그녀는 정말 기뻐하며, 망설임 없이 참여를 약속해 주었습니다.

이 책은 두 교사의 공적인 기록과 내밀하고 사적인 마음까지 두루 살피며 복기하며 쓴 교육 서적이며, 에세이에 가까운 책입니다. 교실이라는 일상의 공간에서 시작된 아주 특별한 이야기, 그 여정에 독자 여러분을 초대합니다.

『냉정과 열정 사이』의 남녀 주인공이 각자의 시선으로 써 내려간 두 권의 이야기가 결국 한 사랑의 서사로 완성되었듯, 이 책도 두 나라, 두 사람의 다른 시선들이 페이지를 넘기며 하나의 깊은 울림으로 이어지길 바랍니다.

그리고 그 연결이 독서의 즐거움으로 여러분의 마음에 오래 머물기를 바랍니다.

교실이라는 작은 세계에서, 세계라는 넓은 교실을 꿈꾸며

이창근

목차

추천사 004

프롤로그 009

PART 1
한국, 이창근 선생님의 이야기
"교류를 기획했지만, 결국 사람을 만났다."

1. 하나: 오늘의 출근 선생님, 699 대 8을 뚫고 온 그분   017
2. 둘: 나는 멘토인가, 아이돌 소속사 대표인가   039
3. 셋: 지난 시즌의 주인공은 교사, 이번엔 학생입니다   063
4. 넷: 친구의 땅, 나를 감동시키다   089

     #친구에서교류친구로   #단톡방개설완료   #기억저장중

5. 다섯: 국제교류 활동이 나에게 준 선물   111

INTERLUDE   각자의 이야기, 당시의 속마음을 곁들인   130

PART 2

인도네시아, 라하유 선생님의 이야기

"배움을 나누려 했지만, 결국 내 마음이 먼저 자랐습니다."

1. SATU: 프로듀스 교사 699, 나의 데뷔 프로젝트   **137**
2. DUA: 무대는 교실, 대본은 없음, 배움은 진짜   **175**
3. TIGA: 교사에서 시작된 교류, 교실로 피어나다   **203**
4. EMPAT: 손님에서 친구가 되기까지   **217**

       #어서와인도네시아는처음이지   #밤샘교류기록   #찐친예약완료

5. LIMA: 연결의 힘을 믿게 되었어요   **241**

에필로그   260

PART 1

한국,
이창근 선생님의 이야기

교류를 기획했지만,
결국 사람을 만났다.

1

하나:
오늘의 출근 선생님,
699 대 8을 뚫고 온 그분

두 교사 이야기:
한국과 인도네시아의 다리를 잇다

이 이야기는 한국의 한 교사와 인도네시아의 두 교사가 뜻하지 않은 만남을 통해 특별한 여정을 만들어가는 이야기로 시작되었다. 모든 것이 시작된 건 유네스코 아시아태평양 국제이해교육원(APCEIU)의 교사 교류 프로그램 덕분이었다. 이 프로그램은 단순한 교류가 아닌, 마치 국경을 허물고 서로의 문화를 교환하는 거대한 프로젝트였다.

어느 날, 내 메일함에 새로운 메시지가 도착했다.
메일 제목과 내용은 간단했다.

"[유네스코 아태교육원] 인도네시아 초청 교사 정보 공유"
"인도네시아 초청 교사 두 분의 정보를 보내드립니다. 라하유 술리스티야니(Rahayu Sulistiyani), 도니 스티야완(Dony Setyawan)."
[첨부파일: 2023 한국-인도네시아 교육 교류 사업 초청 교사 정보.xlsx]

---

1 하나: 오늘의 출근 선생님, 699 대 8을 뚫고 온 그분

그 순간, 내 마음은 두 가지 감정으로 가득 찼다. 하나는 설렘, 다른 하나는 긴장감. '언어는 어떨까? 문화 차이는? 잘 맞을 수 있을까?' 머릿속에 온갖 생각이 떠올랐다. 하지만 동시에 나만의 비장의 카드가 있다는 생각으로 입가에 미소가 번졌다.

사실, 나는 인도네시아 자카르타에서 3년간 거주한 경험이 있었다. 덕분에 기본적인 인도네시아어로 의사소통할 수 있었다. 마치 내가 비밀 요원처럼 느껴졌다. "이제 내가 그들을 맞이하는 데는 문제가 없겠군!"

인도네시아 거주 시절, 대학에서 수료했던 언어 프로그램 BIPA 2단계 수료증

이메일을 다시 읽어보며 고민하던 나는 답장을 쓰기 시작했다. 하지만 이번에는 조금 색다르게 시도했다.

"Halo, Selamat datang di Korea! Saya guru di sekolah ini dan saya sangat senang menyambut Anda di sekolah kami."

(안녕하세요! 한국에 오신 것을 환영합니다. 저는 이 학교의 교사이고, 두 분을 맞이하게 되어 정말 기쁩니다.)

몇 시간 후, 두 선생님으로부터 답장이 도착했다.

"Wah, Anda bisa berbahasa Indonesia? Itu luar biasa!"

(우와, 인도네시아어를 하실 수 있다니요? 정말 놀라워요!)

그들의 놀람이 글자 속에서 느껴졌다. 처음에는 언어 장벽에 대한 걱정이 있었을 터, 내 인도네시아어 메시지를 보고 나서 안심이 된 듯했다. 그리고 나는 그 순간, 이 교류의 첫 단추를 잘 끼웠다는 확신이 들었다.

이렇게 우리는 서로의 세계로 한 발짝 더 다가가게 되었다.

도전의 이유:
교실 너머의 세상

나는 반년 전부터 내가 담임 교사로 지도하는 4학년 초등학생들과 함께 인도네시아의 한 로컬 학교와 국제교류 수업을 진행하고 있었다. 처음 이 수업을 시작했을 때, 아이들이 세상에 대한 시야를 조금 더 넓히길 바라는 마음이 간절했다. 그러나 교류 수업이 진행될수록 마음 한편에는 아쉬움이 남았다.

아이들이 인도네시아에 대해 흥미를 느끼고 있었지만, 내가 한국 사람이라는 사실이 한계로 느껴졌다. 아무리 내가 인도네시아에서 몇 년간 거주했던 경험이 있다고 해도, 현지인이 전달할 수 있는 생생함에는 미치지 못하리라는 생각이 들었다. "내가 더 잘할 수 있을까? 아니면, 아이들에게 진짜 인도네시아를 보여줄 방법은 없을까?"

그때, 문득 떠오른 생각이 있었다. "만약 진짜 인도네시아 선생님이 오신다면 어떨까?" 이 아이디어는 단순히 4학년 아이들만을 위한 기회가 아니었다. 우리 학교의 다른 학년 학생들, 그리고 교직원들까지 모두가 함께 할 기회였다. 인도네시아의 문화가 학교 곳곳에 스며든다면, 그 파급력은 얼마나 클까?

나는 우리 반 아이들이 가믈란(Gamelan)[1]을 배우며 인도네시아 선생님과 내는 화음을 상상했다. 어지러운 듯 조화롭게 직조된 바틱[2]의 무늬를 그려보다, 체육 시간이면 인도네시아 전통 무용을 수줍은 듯 따라 하는 아이들이 눈에 그려졌다. 상상만으로도 가슴이 두근거렸고, 그때 나는 엉덩이까지 들썩거렸을지도 모른다. 몬순의 바람이 훅 불어왔고, 나는 이 상상에 매혹당했다.

상상이 현실로! 한국 학생들에게 인도네시아 문화를 수업하는 파견 선생님들의 모습

나는 내가 꿈꾼 풍경을 현실로 만들고 싶었다. 그리고 마침 맞게 유네스

---

1) 인도네시아의 전통 음악. 목제, 죽제, 금속제 따위의 타악기를 사용한 기악 합주
2) 인도네시아 전통 옷에 사용되는 염색법

코 교사 교류 프로그램에 대한 소식을 접했다. 프로그램 설명을 읽는 순간 '바로 이거야!' 나는 외쳤다. '우리 학교에 진짜 인도네시아 선생님이 오신다면, 우리 학교 전체가 하나의 국제교류 수업장이 될 수 있겠어.'

    나는 그런 생각에 한 치 망설임도 없이 지원서를 작성했다. 단순한 꿈이 아니라 현실을 만들기 위해 소중한 첫걸음을 딛는 순간이었다.

첫 만남:
화면 속에서 만난 두 얼굴

이 프로그램에 지원하고 선정되었다는 소식을 들었을 때, 나는 설렘 반, 걱정 반이었다. 그리고 그 걱정은 Zoom 회의를 통해 두 선생님을 처음 만난 순간, 더 구체적인 감정으로 바뀌었다.

먼저 라하유 술리스티야니(Rahayu Sulistiyani) 선생님. 그녀는 인도네시아 보고르에 있는 초등학교에서 온 내 또래의 순다족[3] 여성이다. 화면 속에서 느낀 그녀의 첫인상은 한 마디로 '밝음'이었다. 적극적이고 자신감 넘치는 목소리, 그리고 미소를 잃지 않는 모습이 인상적이었다. 그녀의 머리에 쓰인 히잡은 그 자체로 그녀의 문화와 정체성을 담은 상징처럼 느껴졌다.

다음으로, 도니 스티야완(Dony Setyawan) 선생님. 그는 스마랑의 한

---

3) 인도네시아 자와섬 서부에 사는 토착 민족

초등학교에서 온 자바족 남선생님이었다. 화면 속의 그에게서는 설렘과 긴장감이 동시에 느껴졌다. 말할 때마다 약간 수줍어하는 듯했지만, 그 속에는 새로운 도전에 대한 열정이 분명히 엿보였다.

두 사람 모두 각자의 방식으로 강렬한 첫인상을 남겼다. 그러나 화면을 껐을 때 내 머릿속에는 새로운 걱정이 피어올랐다. "이 두 선생님이 3개월 동안 전북 특별자치도 전주시라는 새로운 환경에 잘 적응할 수 있을까?"

전주에서의 생활은 두 사람 모두에게 처음이었고, 한국 문화는 아마도 그들에게 낯설기 그지없을 것이다. 특히 두 선생님 모두 무슬림이어서, 히잡을 쓴 여선생님이 한국에서 어떤 시선을 받을지, 그리고 할랄 음식을 구하는 데 어려움은 없을지 걱정이 되었다. 또한 외국에서 온 두 선생님이 같은 성별이 아니라 서로 다른 성별인데, 이들이 함께 적응해 나가야 한다는 점도 고민스러웠다.

하지만 걱정 속에서도 기대감이 자리 잡았다. 화면 속에서 본 그들의 열정과 적극적인 태도는 우리가 함께 만들어갈 시간이 특별할 것이라는 믿음을 주었다. 나는 스스로에게 묻기도 했다. "나는 인도네시아어는 기본적으로 할 줄 알아. 이번 기회에 순다어나 자바어도 배워볼 수 있을까?" 그 설렘이 나를 미소 짓게 했다.

나는 마음을 다잡으며 결심했다.

"이 3개월 동안 우리는 서로에게 깊은 인상을 남기고, 정말 특별한 친구가 될 거야. 걱정보다는 기대를 안고, 우리 모두에게 잊을 수 없는 시간을 만들어가자."

화면으로 건네는 첫인사의 설렘 그 순간

사전 설명회에서 알게 된
나의 새로운 역할

　두 인도네시아 선생님과 함께할 3개월을 앞두고, 나는 UNESCO APCEIU가 주최한 다문화가정 대상 국가 교육 교류 사업 온라인 설명회에 참석했다. 이 설명회는 단순한 사업 안내를 넘어, 내가 맡게 될 역할의 중요성과 방향성을 깨닫게 해준 자리였다.

　설명회에서는 사업과 관련된 몇 가지 용어를 배우게 되었다. 이 교류 프로그램의 공식 이름은 APTE(Asia Pacific Teacher Exchange)이며, 외국 교사를 초청한 학교는 Host School(배치 학교)라고 불린다는 사실을 알게 되었다. 또한, 나는 두 인도네시아 선생님의 멘토 교사(Mentor Teacher)로서 중요한 역할을 맡게 된다는 점도 확인할 수 있었다.

　멘토 교사(Mentor Teacher)라는 단어는 단순히 '돕는 사람' 이상의 의미를 지니고 있었다. 설명회에서 선배 교사들이 나눠준 경험담을 들으면서 그 역할의 구체성을 더욱 깊이 이해하게 되었다.

　먼저, 초청 교사 배치 전에 해야 할 준비들에 대한 조언이 이어졌다.

초청 교사와의 첫 연락 요령:
선배 교사들은 초청 교사와의 첫 메시지가 중요하다고 강조했다. 따뜻한 환영 인사와 함께 앞으로의 일정을 간략히 소개하는 것이 좋다.

숙소 구하는 요령:
초청 교사들이 한국 생활에서 가장 중요하게 여기는 것이 바로 숙소이다. 가능한 한 편리하고 안전한 장소를 찾되, 필요하면 현지 생활에 대한 안내도 제공해야 한다는 조언이 이어졌다.

초청 교사가 입국할 때 요청할 추천 아이템:
선배 교사들은 초청 교사들에게 자국의 전통문화를 보여줄 수 있는 물건을 요청하면 좋다고 했다. 전통 의상, 음악, 공예품 등은 아이들과의 수업이나 문화 교류에 유용할 것이라고 강조했다.

학교 시간표 구성 아이디어:
초청 교사가 한국 학교의 특성을 이해하고 수업에 적응할 수 있도록, 그들의 강점을 살릴 수 있는 수업 시간을 적절히 편성하는 것이 중요하다.

부임 첫날의 교직원 소개 인사:
학교 선생님들이 초청 교사들과 인사하고 이들을 환영하는 자리를 마련하면, 그들의 긴장을 풀어주고 첫인상을 좋게 할 수 있다.

숙소 사용 안내와 주거 물품 구매:
초청 교사들이 필요한 물품들을 함께 구매하며 지역 환경에 익숙해질 수 있도록 돕는 것도 멘토 선생님의 중요한 역할 중 하나이다.

설명회를 들으면서 나는 이 모든 조언이 실제로 얼마나 유용할지를 떠올렸다. "아, 이런 세세한 준비가 초청 교사들에게 얼마나 큰 차이를 만들어줄까?" 생각할수록 내 역할의 무게가 더욱 크게 다가왔다.

설명회가 끝난 후, 나는 노트를 펼쳐 선배 교사들의 조언을 꼼꼼히 정리했다. "초청 교사와의 첫 연락, 숙소 준비, 교직원 인사, 그리고 문화 교류를 돕는 아이템까지. 하나하나가 가볍지 않지만, 이 역할이 그들에게도 나에게도 의미 있는 시간이 될 거야."

마음 한편에서는 작은 설렘이 피어올랐다. "이 모든 과정을 함께하면서, 두 선생님과 나 모두 성장하지 않을까?"

실전 준비:
환영의 집, 마음의 연결, 그리고 수업의 설계

이제 두 인도네시아 선생님을 맞이하기 위한 본격적인 준비가 시작되었다. 준비 과정에서 내가 가장 중요하게 생각했던 부분은 세 가지였는데, 첫째, 보금자리 마련, 둘째, 친구 만들어주기, 셋째, 다문화 수업 준비였다.

보금자리: 3개월의 안식처 찾기

첫 번째 과제는 두 선생님이 전주시에서 3개월 동안 머물게 될 보금자리를 찾는 일이었다. 아태교육원(APCEIU)에서는 한 사람당 월 80만 원씩, 총 3개월 동안의 거주비를 지원해 주었다. 듣기에는 꽤 넉넉한 예산처럼 보였지만, 실제로 전주에서 짧은 기간 동안 머물 수 있는 적합한 숙소를 찾는 일은 예상보다 어려웠다.

대부분의 원룸이나 오피스텔은 기본적으로 1년 이상 장기 계약만 가능했다. 단기 계약이 가능한 곳도 있었지만, 비용이 훨씬 더 비쌌다. 게다가

가스비와 전기세 같은 공과금이 포함된 조건인지도 확인해야 했고, 부동산 중개 수수료도 예산 내에서 처리해야 했다. 인도네시아 선생님들에게 필요한 생필품 구매까지 같은 예산 내에서 해결해야 했기에, 더욱 신중한 판단이 필요했다.

생각보다 수많은 준비가 필요했다. 집을 구하기 위해 여러 부동산과 연락하고 직접 발품을 팔아야 했다. 그리고 생활에 필요한 기초 물품을 구매하는 것도 호스트 학교의 역할이었다.

혼자서는 너무나 어려운 일이었는데, 다행히 학교 동료 선생님들과 교장 선생님의 적극적인 도움으로 차근차근 손님맞이 준비를 시작할 수 있었다.

마침내 두 선생님이 편안히 지낼 수 있는 숙소를 구할 수 있었다. 모두가 힘을 모아 구체적인 계약 조건을 검토하고, 입주 전에 필요한 물품들을 꼼꼼히 챙긴 덕분에 이 첫 번째 과제를 성공적으로 마무리할 수 있었다.

어렵게 구한 숙소의 모습

물품 구매를 위해 대형 마트를 갔을 때, 마트 장바구니 사진과 어마어마하게 긴 영수증이 인상 깊었는데, 뒤늦게 찾아보니 지금은 사진 파일을 찾을 수 없어서 아쉽지만 이 모든 이야기를 나눈 동료 선생님 단체 대화방 내용을 공유한다.

고충이 느껴지는 단체방 대화

이 과정에서 나를 도와준 보물 같은 동료 선생님들이 있었다. 이 집을

1 하나: 오늘의 출근 선생님, 699 대 8을 뚫고 온 그분

구하는 과정에서부터 마지막 뒷정리하는 그 순간까지, 처음부터 끝을 적극적으로 함께 해준 사람들이 있어서 너무나 든든했다. 다음 근무지에서도 또 이런 팀워크를 만날 수 있을까 싶을 정도로 소중했던 사람들이다.

든든한 버팀목이 되어준 동료들

친구: 낯선 땅에서 마음을 기댈 사람과 신앙의 공간

두 번째로 내가 고민한 것은 낯선 한국에서 생활하게 될 두 선생님이 친구를 사귈 기회를 만드는 일이었다. 나로서는 한국에서의 일상이 익숙하지만, 외국인으로서 한국에서 생활하는 것은 전혀 다른 도전이다. 특히 무슬림 문화와 생활 습관을 지닌 두 선생님에게는 한국에서 마음을 나눌 수 있는 친구가 있다는 그것이 매우 중요한 지원일 수 있었다.

나는 먼저 인근 대학교에 다니는 외국인 유학생 중 인도네시아 출신 학생들을 찾아보기로 했다. SNS를 검색하고, 대학교에 문의하며, 지인을 통해 적극적으로 수소문했다. 그렇게 노력한 끝에, 나는 니따라는 인도네시아 학생을 찾을 수 있었다. 니따는 한국에서 대학 생활을 하고 있었고, 선생님들과 같은 인도네시아 출신이라는 점에서 두 분께 큰 힘이 될 것 같았다.

나는 두 선생님과 니따를 소개했다. 자연스럽게 교류의 장이 열렸고, 이 만남은 두 선생님이 생활에서 겪는 어려움을 덜어주는 데 큰 도움이 되었다. 특히 니따는 한국 문화를 먼저 경험한 선배로서 실용적인 생활 팁을 알려주었고, 마음을 나눌 수 있는 친구가 되어주었다. 나는 그 모습에 내심 뿌듯함을 느꼈다.

사실, 이 여정에서 가장 먼저 친구가 되어야 했던 사람은 나였다. 두 선생님은 한국에 오기 직전, 자카르타에서 인도네시아 교육부가 주최하는 사전 교사 교육 프로그램에 참여했다. 우연히도 나 역시 국제교류 수업 연계 현장 체험 학습의 사전답사를 위해 자카르타에 방문하게 되었다. 그 기회에 교육 프로그램 현장을 들러 두 선생님께 미리 인사를 건넸다. 그날이 우리의 첫 만남이었다. 그리고 지금까지, 우리는 정말 소중한 친구로 잘 지내고 있다.

니따를 소개해 주었던 순간, 그리고 두 선생님의 한국 파견 출발 전 자카르타에서의 첫 만남 그 순간

더불어, 두 선생님이 신앙생활을 이어갈 수 있는 공간도 찾아보았다. 다행히 학교에서 차량으로 10분 거리에 이슬람 사원이 있다는 사실을 알게 되었고, 이는 두 선생님에게 큰 위안이 되리라 생각했다. 사실 나도 이런 공간이 있는 줄 몰랐는데, 이번 기회를 통해 알게 되어 매우 기뻤다. 이곳은 그들이 한국에서 생활에 더욱 잘 적응할 수 있도록 도와줄 중요한 장소가 될 것이다.

다문화 수업: 학생들과의 만남 준비

마지막으로 중요한 과제는, 두 인도네시아 선생님이 학교에서 진행하게 될 다문화 수업을 함께 준비하는 일이었다. 이 수업은 아이들에게 인도네시아 문화를 소개하고 직접 체험하게 해줄 소중한 기회가 될 예정이었다. 나는 두 선생님이 수업을 원활하게 계획하고 실행할 수 있도록 전반적인 일정을 조율하고 자료를 함께 구상하며 지원했다. 일주일에 총 15시간 정도의 수업이 진행될 수 있도록 설계하면서, 이 시간이 학생들과 선생님 모두에게 의미 있는 경험이 되길 바랐다.

먼저 첫 2주간은 수업 참관 주간으로 설정했다. 이 기간에 두 선생님은 한국 초등학교의 수업 방식과 교실 문화를 이해하며 적응할 수 있었다. 그리고 3주 차부터는 본격적으로 다문화 수업이 시작되었다.

우리 학교는 초등학교이기 때문에 학년별로 언어 소통 방식과 수업 운영이 매우 달랐다. 이를 고려해, 1, 2학년은 두 선생님이 함께 수업하는 방식으로 구성했다. 반면 3~6학년은 공동 수업과 개별 수업을 적절히 혼합해 주간 시간표를 만들었다.

1, 2학년 학생들에게는 놀이와 체험 위주의 활동을, 3~6학년 학생들에게는 더 심도 있는 문화 이해와 언어 학습 활동을 했으면 좋겠다는 조언도 했다. 두 선생님은 자신들의 강점을 살려 인도네시아의 전통 의상, 음식, 음악 등을 소개하며 학생들에게 생생한 체험을 제공할 것이다.

이렇게 선생님 맞이 세 가지 준비를 진행하면서, 나는 단순히 '초청 교사 지원'이라는 역할을 넘어, 두 선생님과 학생들 모두에게 잊지 못할 경험을 선사하기 위해 노력했다. 준비 과정은 때로 힘들었지만, 그만큼 설레고 보람 있는 순간으로 가득 차 있었다.

2

둘:
나는 멘토인가, 아이돌 소속사 대표인가

우연히 두 선생님에게 들은 첫 이야기는 꽤 충격적이었다.
무려 699명의 지원자 중 8명이 선발되었고, 그 중 초등교사는 단 2명뿐이었다. 거의 케이팝 아이돌 오디션 수준의 심사를 거쳐 이 교사 교류 프로그램에 뽑혔다는 것.
그렇게 아이돌 데뷔하듯 한국에 온 두 분을 맞이한 나는, 처음엔 수업만 챙기면 될 줄 알았다. 하지만 현실은 달랐다. 학교 업무를 안내하고, 한국 생활 적응을 돕고, 때로는 교사로서의 성장까지 함께 고민하는 내 모습을 보며 문득 깨달았다.
나는 멘토 교사라기보다, 일정과 정서를 함께 관리하는 매니저, 아니면 소속사 대표 같은 사람이 되어 있었다.
그렇게 시작된 나의 복합 직책 라이프. 그 좌충우돌 이야기를 지금부터 시작해보려 한다.

수업만으로는 부족해:
몰입의 공간을 꿈꾸다

    인도네시아 보고르(Bogor) 지역에서 온 라하유 선생님은 기본적인 한국어 실력을 갖추고 있어, 어린 초등학생들에게 한국어와 영어를 섞어 문화 수업을 진행하는 데 어려움이 없었다. 새로운 일을 경험하는 데 굉장히 적극적인 그녀는 다양한 행사를 추진하는 데 놀라운 열정을 보여주는 선생님이었다.

    반면, 스마랑(Semarang) 지역에서 온 도니(Dony Setyawan) 선생님은 ICT[4] 분야에 깊은 관심을 가지고 있었다. 그는 뛰어난 영어 실력을 지니고 있으며, 평소에는 조용하지만 모든 일에 적극적으로 도움을 주는 협조적인 성격이었다. 두 선생님의 성격과 강점이 서로 보완되어, 우리는 정말 좋은 팀이 될 수 있었다.

---

4) 정보 통신 기술을 융합하여 정보를 주고받으며 운영, 관리하고 이용하기 위한 기술

여기에 멘토 교사로서 나도 특별한 역할을 했다. 인도네시아에서 몇 년간 살며 쌓은 경험 덕분에 인도네시아어 구사 능력을 갖게 된 나는, 두 사람의 협력 수업에 큰 힘이 되었다. 두 선생님은 쉬운 한국어와 영어를 자연스럽게 섞어 아이들에게 설명했고, 나는 중간에서 이를 보조하며 한국어로 적절히 다리를 놓았다. 가끔 소통의 어려움이 있을 때에는 인도네시아어로 소통하며 그 간극을 메꾸기도 했다.

"언어라는 장벽이 이렇게 쉽게 허물어질 수도 있구나." 협력 수업을 진행할 때마다 느낀 점이었다.

또한, 나는 이 프로젝트와는 별개로 온라인 국제교류 수업을 진행하며 인도네시아 학교 두 곳에서 받은 컬쳐 박스(Culture Box)를 보유하고 있었다. 전통 의상, 공예품, 악기, 놀이 도구 등, 아이들의 호기심을 자극할 만한 물건들로 가득한 이 박스는 문화 교실을 더욱 풍성하게 만들어 줄 완벽한 재료였다.

더욱이 놀라운 점은, 내가 이 물품들을 활용해도 좋다고 제안했을 뿐인데, 이후 두 인도네시아 선생님께서 컬쳐 박스를 사용해 교실을 구축하는 모든 작업을 정성을 다해 준비해 주었다는 것이다.

라하유 선생님은 벽에 아이들의 눈길을 사로잡을 만한 포스터와 전통 장식물을 세심하게 배치했다. 도니 선생님은 ICT에 강한 면모를 발휘해 디지털 자료를 제작하고, 아이들이 쉽게 이해할 수 있도록 프레젠테이션을 준비했다. "와, 정말 내가 상상했던 것 이상으로 이 공간이 완성되고 있어." 나는 그들이 보여준 열정과 창의력에 감탄하지 않을 수 없었다.

이렇게 완성된 교실은 단순한 학습 공간을 넘어섰다. 학생들은 전통 의상을 입어 보고, 인도네시아 음식의 향을 맡고, 노래와 놀이를 배우며 오감을 통해 문화를 체험했다. 이 특별한 공간에서는 학생 수업뿐 아니라 교사 연수와 학부모 교육까지 다양한 활동이 이루어졌다.

인도네시아 전통 의상 수업을 받은 학생들과 인도네시아 문화 수업 몰입 교실의 모습

아태교육원에서도 이 특별한 교실을 높이 평가해 주었다. 다른 학교들과는 달리, 우리는 아이들이 문화 수업에 완전히 몰입할 수 있는 환경을 제공했다는 점에서 주목받았다. 나는 그들이 보내온 긍정적인 피드백을 들으며 내심 뿌듯함을 느꼈다. "이 교실이 정말 가치 있는 공간이 되었구나. 내가 한 일이 아니더라도, 두 선생님의 노력 덕분에 우리가 이렇게 성공할 수 있었어."

특히, 협력 수업을 진행할 때 세 사람이 만들어낸 시너지는 단순한 팀워크 이상의 것이었다. 라하유 선생님의 에너지, 도니 선생님의 분석력, 그리고 나의 인도네시아 문화와 언어에 대한 이해가 하나로 어우러져 교실은 생동감 넘치는 공간으로 변했다. 아이들은 교사들의 설명과 활동에 몰입했고, 수업 후에도 전통 의상이나 놀이를 체험하며 교실에 머무르고 싶어 했다.

하지만 3개월이라는 시간이 지나고, 이 특별한 교실은 하루아침에 사라질 수밖에 없었다. 벽을 가득 채웠던 자료들, 아이들의 손길이 닿았던 물건들, 그리고 그 안에서 웃고 떠들던 순간들이 마치 꿈처럼 흩어졌다. 나는 마지막으로 텅 빈 교실을 바라보며 생각했다. "이 공간이 더 오래 지속될 수 있었다면 얼마나 좋았을까."

그럼에도 불구하고, 이 교실은 단순히 물리적인 공간 이상의 의미를 가졌다. 학생들과 선생님들에게 새로운 문화를 체험하게 해준 이 교실은, 나에게도 교사로서의 열정과 가능성을 다시금 일깨워준 특별한 공간이었다.

학생, 학부모, 교사까지 다양한 집단의 사람들에게 몰입의 공간이 되었던 인도네시아 문화 교실

교실 밖으로 나가다:
한국 교육의 얼굴을 보여주다

교내에서 진행한 문화 수업도 훌륭했지만, 나는 두 인도네시아 선생님들에게 더 특별한 경험을 선물하고 싶었다. 한국의 교육 시스템이 그들에게도 큰 영감을 줄 수 있기를 바랐기 때문이다. 그래서 우리는 교실을 넘어 한국 교육의 다양한 면모를 직접 체험할 수 있는 활동들을 계획했다.

첫 번째로 방문한 곳은 영재 교육원이었다. 두 선생님 모두 한국의 영재 교육 시스템에 큰 관심을 보였다. 인도네시아에는 정부 차원에서 운영하는 영재 교육 기관이 없다는 점에서, 영재 교육원의 수업은 매우 특별한 경험이었다고 이야기했다. 특히, 학생들이 문제를 탐구하고 창의적으로 해결하는 방식에 깊은 감명을 받은 듯했다.

그다음으로, 우리는 지역에서 열리는 과학 축전과 수학 체험 축제에 참여했다. 이 축제들은 단순한 놀이가 아니라, 과학과 수학을 중심으로 학생들이 배우고 체험할 수 있도록 설계된 교육 중심의 축제였다. 두 선생님은 행사장을 둘러보며 연신 놀라워했다. 라하유 선생님은 "관광지를 홍보하기 위한 축제는 익숙하지만, 교과를 주제로 이렇게 대규모로 진행하는 축제는 처음이에요."라고 감탄을 표했다.

수학 체험 축제와 과학 축전을 돌아보고 체험하는 두 선생님

또한, 나는 교사 교과 연구회 모임과 타 학교 교사들의 오픈 클래스에도 두 선생님을 초대했다. 두 선생님은 이 경험 역시 매우 신선하게 받아들였다. 도니 선생님은 이 교육적 나눔 현장을 유심히 지켜보더니, 나중에 이렇게 말했다. "이래서 한국 교사들의 수준이 높다고 하는 거군요. 서로의 수업을 공개하고 피드백을 주고받는 모습이 정말 인상적이었습니다."

교사 연구회 활동에 함께 참여한 인도네시아 교사, 그리고 다른 학교 교사의 공개수업 참관의 모습

이후, 두 선생님과 대화를 나누며 그들의 소감을 들을 수 있었다. 라하유 선생님은 한국의 과학 축전과 수학 체험 축제를 언급하며, "나중에 우리 학교나 우리 지역에서도 이런 축제를 열어보고 싶어요."라고 이야기했다. 도니 선생님도 오픈 클래스와 교사 연구회 모임을 언급하며, "한국 교육 시스템에서 배운 것들을 우리 학교에서도 적용할 방법을 생각해 보고 싶어요."라고 열정을 보였다.

이 활동들은 단순히 새로운 것을 보여주는 것을 넘어, 그들에게 실질적인 영감을 주는 시간이 되었다. 나 역시 그들의 열정적인 반응을 보며 내심 뿌듯했다.

두 선생님은 한국 교육 시스템의 장점을 발견하고, 자신들의 학교와 국가에 적용할 방법을 고민하며 돌아갈 준비를 하고 있었다. 그들의 말처럼, 이 경험이 두 선생님에게 작은 씨앗이 되어 인도네시아의 교육 현장에도 새로운 변화를 가져올 수 있기를 바란다.

또 다른 배움의 장:
다른 학교를 만나볼까?

 이 프로젝트의 주관 기관인 아태교육원에서는 초청 교사들이 배치 학교 외에 인근 학교와도 협업하는 것을 권장하고 있다. 그러나 호스트 학교 입장에서는 번거로운 연락과 서류 작업을 하면서 다른 학교에 수업을 제공할 필요가 없기에, 실제로 잘 이루어지지 않는 경우가 많다. 하지만 나는 이 협업이 단순히 대상 학교 학생들에게만 특별한 경험을 주는 것이 아니라, 인도네시아에서 온 두 선생님에게도 큰 의미가 될 것이라고 생각했다.

 현재 두 선생님이 파견된 우리 학교는 전형적인 도시형 초등학교이다. 그러나 만약 시골 지역의 작은 규모의 학교나 스마트교실 같은 혁신적인 학교, 혹은 유치원이나 중고등학교를 방문한다면 두 선생님은 짧은 3개월 안에 한국의 교육 시스템과 다양성을 더 깊이 이해할 수 있을 것이다.
 그런 기회를 만들기 위해 나는 내 주변의 인맥을 열심히 동원했다. 시간이 허락하는 한 여러 학교를 둘러보며, 두 선생님이 한국의 교육 환경을 최대한 폭넓게 관찰할 수 있도록 돕고 싶었다.

"선생님, 저희 학교에 외국 선생님께서 3개월 동안 교사 교류 파견 근무로 와 계신데, 선생님네 학교 학생들도 이 특별한 수업의 기회를 가지면 좋지 않을까요? 제가 그 수업의 통역 역할도 가능합니다."

이러한 연락들이 모여 7~8개 정도의 학교들에 수업 지원을 나가게 되었다. 사실 꽤 많은 학교들이 희망을 했는데, 두 인도네시아 선생님의 교육적 경험도 확장 시켜줄 수 있는 학교들로 선정했다.

특히 기억에 남는 순간 중 하나는 상산고등학교를 방문했을 때였다. 상산고는 자립형 사립고등학교로, 학생들의 면학 분위기와 질문 수준이 두 선생님에게도 꽤 인상적으로 다가왔을 것이다. 우리는 단순한 문화 수업을 넘어, 한국과 인도네시아의 정치와 경제 관계에 대한 주제 특강을 진행했다.

특강을 준비하는 일은 두 선생님에게도 큰 도전이었다. 하지만 라하유 선생님은 특유의 적극적인 태도로, 도니 선생님은 철저한 분석력으로 서로를 보완하며 완벽한 수업을 만들어냈다. 학생들에게는 단순한 외국인 교사와의 만남을 넘어, 인도네시아의 현재와 국제 관계를 배우는 특별한 시간이 되었고, 두 선생님은 자신들의 경험과 지식을 공유하며 한층 더 성장할 수 있었다.

학교급을 넘어서 고등학교와 유치원 학생들과 수업하는 두 선생님의 모습

나는 그들의 열정적인 준비 과정을 지켜보며 내심 뿌듯했다.

'이 자리의 준비는 내가 했지만 짧은 시간 안에 이렇게 다양한 집단의 학생들에게 다른 주제의 수업을 해내다니, 두 선생님들이 참 대단하다. 이 경험이 두 선생님들에게 오래도록 기억에 남으면 좋겠다.'

이처럼 다른 학교를 방문하며 경험을 쌓는 일은 두 선생님에게 새로운 자극과 배움의 기회를 제공했다. 그리고 그런 순간들이, 이 프로젝트가 단순한 교류 활동을 넘어 진정한 교육적 가치를 만들어가는 과정임을 다시금 느끼게 했다.

국경을 넘어 하나로:
Nusantara Day의 특별한 추억

누산따라 데이 홍보 포스터

    인도네시아 파견 교사들의 활동이 마무리되는 11월, 우리는 말레이시아 교사들이 파견된 광주광역시 신창초등학교와 협업하여 특별한 축제를 개최했다. 이 축제의 이름은 바로 누산따라 데이(Nusantara Day). 말레이시아와 인도네시아 지역을 아우르는 '누산따라'라는 단어처럼, 두 나라의 전통 음식, 의상, 음악 등을 함께 소개하는 문화 교류 행사가 시작되었다.

이 모든 것은 사실 아주 사소한 대화에서 시작되었다. 나는 APEC 국제교육협력원에서 알콥(ALCoB) 교사로 활동하며 다양한 국제교류 프로젝트에 참여해 왔고, 이 과정에서 신창초등학교의 김명희, 안봉선 선생님을 알게 되었다. 우연히 그 두 분도 아태교육원의 교사 교류 프로젝트에 참여하고 있다는 사실을 알게 되었다.

어느 날 김명희 선생님과 나눈 대화가 그 시작이었다.
"우리 각자의 학교에 파견된 선생님들 외에, 다른 나라의 선생님들을 소개해 주는 시간을 가져보면 어때요?"
"좋죠. 그러면 소소하게 협업을 시작해 봅시다."
그렇게 시작된 소소한 이야기가 눈덩이처럼 커져, 결국 두 학교가 함께 만드는 대규모 협업 프로젝트로 발전했다.

첫걸음: 계획을 세우다

먼저 Zoom 화상회의로 첫 만남을 가졌다. 각국 선생님들이 서로 인사를 나누고, 협업 아이디어를 구상하기 시작했다. 우리는 두 나라의 문화를 아우르는 축제라는 공통 목표를 설정하고, 그 이름을 '누산따라 데이'라고

명명했다. 아이디어가 구체화되면서 양국의 문화를 소재로 한 행사를 두 학교에서 번갈아 가며 열기로 했다.

첫 주 금요일에는 나와 인도네시아 선생님들이 신창초등학교로 이동해 행사를 협력 지원했다. 그리고 그다음 주 금요일에는 신창초의 멘토 교사와 말레이시아 선생님들이 전라초등학교로 와서 행사를 지원했다.

멘토 교사인 나와 김명희 선생님은 각 학교에서 열릴 누산따라 데이의 공간 배치, 시간표, 물품 준비 등 하드웨어적인 부분을 기획했다. 행사 장소를 어떻게 꾸밀지, 학생들이 어떤 순서로 체험할지, 준비물이 빠짐없이 마련되었는지 하나하나 확인했다.

한편, 인도네시아와 말레이시아 선생님들은 각각 문화 콘텐츠를 준비하는 데 열성을 다했다. 인도네시아 팀은 전통 의상과 전통 놀이 도구를 활용한 체험 부스와 인도네시아 문화 전시 부스를 준비했고, 말레이시아 팀 역시 다양한 문화적 체험 요소를 마련했다.

축제의 날: 신창초등학교에서의 경험

신창초등학교에서의 누산따라 데이 행사는 인도네시아 문화를 처음 접하는 학생들에게 강렬한 인상을 남겼다. 행사는 30분간의 전체 특강으로 시작되었고, 두 인도네시아 선생님이 멋진 설명으로 문화를 소개했다. 나는 통역자이자 전달자의 역할을 맡아, 때로는 한국적인 시각으로 인도네시아 문화를 해석해 학생들에게 설명했다.

이후 김명희 선생님이 기획한 체험 부스 활동이 이어졌다. 학교의 큰 강당에는 말레이시아와 인도네시아의 의상, 전통 놀이, 음식, 음악 등 10가지가 넘는 다양한 문화 체험 부스가 마련되었고, 학생들은 각 부스를 돌며 각국의 문화를 직접 체험했다. 학생들이 인도네시아 전통 의상을 입고 사진을 찍으며 웃고, 인도네시아 전통 음식 미고랭을 먹으며 행복한 미소를 보이는 모습은 정말 인상적이었다.

 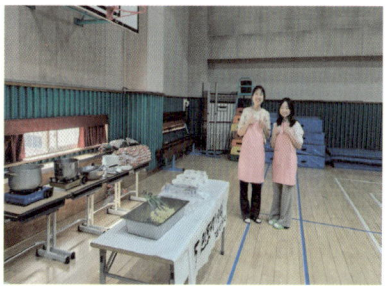

신창초에서 진행한 문화 체험 부스들의 거대한 규모, 그리고 소중한 대학생 봉사자 친구들

축제의 날: 전라초등학교에서의 기억

다음주, 전라초등학교에서 열린 누산따라 데이에서는 말레이시아 선생님들이 먼저 40분간의 특강을 진행했다. 두 선생님은 특유의 음악적 재능과 흥으로 강당을 하나의 축제 공간으로 만들어버렸다. 마치 '피리 부는 사나이'처럼, 두 선생님의 리드에 따라 학생들은 춤을 추고 노래를 부르며 시간 가는 줄 몰랐다.

특강이 끝난 뒤에는 문화 교실로 이동하여 본격적인 체험 활동이 이어졌다. 말레이시아 교사들은 말레이시아의 전통춤과 공예를 소개하며 학생들을 홀렸다. 반면, 인도네시아 선생님들은 다른 교실에서 전통 놀이와 음식 체험 교실을 운영하며 또 다른 매력을 선보였다. 학생들은 각 교실을 오가며 두 나라의 문화를 온몸으로 느끼는 특별한 시간을 가졌다.

말레이시아 선생님들의 강당 수업, 그리고 교실 체험 프로그램

추억으로 남은 누산따라 팀

짧은 시간이었지만, 두 학교의 학생들과 선생님들에게 누산따라 데이는 잊을 수 없는 추억을 남겼다. 학생들은 새로운 문화를 직접 체험하며 배웠고, 선생님들은 서로 협력하며 국경을 넘어 함께 일하는 기쁨을 느꼈다.

우리 누산따라 팀은 그날 이후에도 꾸준히 연락을 주고받고 있다. "그때 기억나요? 학생들이 춤추던 모습이 정말 즐거웠죠."라며 웃음과 추억을 나누곤 한다. 이 축제는 단순한 문화 교류를 넘어, 서로 다른 세 나라가 하나로 어우러질 수 있다는 가능성을 보여준 특별한 날이었다.

누산따라 팀, FOREVER!

아름다운 끝맺음:
잊지 못할 Farewell의 순간

   3개월의 강렬한 만남에도 역시나 끝은 찾아왔다. 지난 3개월간 모든 부분에서 헌신적이고 열정을 쏟았던 두 선생님에게 특별한 마지막을 선물하고 싶었다. 전교생을 강당에 모아 송별식을 진행했다. 내가 이 학교에 5년간 근무했는데, 전교생 모두가 이렇게 한자리에 모인 일이 이날 외에는 기억 나지가 않는다. 내 학창 시절에는 교장 선생님 훈화 말씀 시간을 갖는 전교생 모임 자리가 정말 많았는데, 지금의 학교는 정말 많이 달라졌다.
   그래서 이 행사를 준비하는 과정에서 많은 어려움들이 있었지만, 감사하게도 여러 동료 선생님들이 도움의 손길을 내밀어주셨다.

   이렇게 준비한 송별 행사(Farewell)는 송사와 답사, 학생들의 공연, 그리고 두 선생님의 송별 공연 시간, 지나간 활동 영상 시청 등의 프로그램으로 구성되었다. 처음에는 정말 낯설었던 이국의 이방인 선생님들에게 어느덧 정이 가득 들어 펑펑 우는 학생들의 모습을 보며 나 역시 눈시울이

시큰했다.

마지막 인사의 순간

라하유 선생님의 소감은 이 책의 그녀가 쓴 챕터에서 확인할 수 있을 것이다.

이제는 도니 선생님의 마지막 소감을 소개하고자 한다.

도니(Dony Setyawan) 선생님의 소감

"밥 먹었어?" 한국 사람들은 이렇게 안부를 묻습니다. 인도네시아에서 한국으로 교환교사가 될 수 있는 기회는 환상적이었습니다. 한국 학교에서 근무한 2023년 8월부터 11월까지의 3개월 경험은 나에게 놀라움을 선사했습니다. 물론 모든 학교를 비교할 수는 없으며, 이는 단지 내 경험을 바탕으로 한 개인적인 관찰과 성찰일 뿐입니다.

한국 학교에서는 학생들이 저를 도니 선생님이라고 부릅니다. 사실 제 풀네임은 도니 스티야완(Dony Setyawan)이에요. 한국 사람들이 제 성을 발음하는 게 어렵다고 생각했어요. 저는 에스데 하자 이스리아띠 바이뚜라흐만 원 스마랑(SD Hj. Isriati Baiturrahman 1 Semarang)에서 근무하는 교사입니다. 교사 교환 프로그램에서 저는 전주에 있는 전라초등학교에 배정받았습니다. 이번 학교에서 저는 따뜻한 멘토이신 이창근 선생님과 이경옥 교장 선생님을 만났습니다. 외국인으로서 그들은 나를 가족처럼 잘 보살펴주었습니다. 그리고 나머지 선생님들도요. 그들을 알게 된 것은 제게 큰 축복으로 다가왔습니다.

한국으로 떠나기 전, 한국의 교육 제도에 대해 검색해봤습니다. 인도네시아와 비교해 보면 큰 차이가 없지만, 다음과 같은 발견으로 인해 나는 놀라고 말았습니다.

학교 문화(The School Cultures)

첫 수업이 오전 9시에 시작하기 때문에 대부분의 학생들은 8시 30분에 학교에 옵니다. 학교에 도착하자마자 신발을 슬리퍼로 갈아 신습니다. 모든 학생들은 자신의 슬리퍼를 가져옵니다. 선생님들도 마찬가지입니다. 학교에서는 손님을 위한 슬리퍼를 제공하기도 합니다. 복도에서 저와 마주치는 학생들은 제게 사랑스럽게 인사합니다. 귀에 쏙 들어오는 종소리는 수업의 시작과 끝을 알립니다. 각 교시는 40분 동안 진행되며 매 교시마다 10분의 휴식 시간이 있습니다. 체육, 영어, 과학을 제외하고는 각자의 교실에서 담임 선생님과 공부합니다. 그들은 특수 교실, 체육관, 운동장으로 이동하여 수업하기도 합니다. 모든 학생과 교사는 학교 구내식당에서 점심을 먹습니다. 음식은 신선하고 영양가가 높습니다. 외국인인 저에게도 정말 맛있습니다. 담임선생님은 학생들과 같은 테이블에 앉아 때로는 학생들에게 음식을 다 먹도록 동기를 부여하기도 합니다. 점심 식사를 마친 후 학생들은 남은 음식을 음식물 쓰레기나 일반 쓰레기로 분리하여 버립니다. 또한, 식당의 큰 물통 기계에서 음료를 마실 수 있습니다. 1학년과 2학년은 점심 식사 후에 집에 갈 수 있고 나머지는 오후 2시 30분까지 계속 공부합니다. 방과 후에는 로봇이나 그림 그리기 같은 방과 후 클럽에 가입할 수도 있고, 또는 사립 학원에 가기도 합니다.

학교 시설(The School Techs)

한국 정부는 교육에 대한 높은 기준을 가지고 있습니다. 대도시부터 시골 지역까지 여러 학교를 관찰했는데, 대부분 동일한 시설과 건물을 갖고 있었습니다. 학교에서는 학생들에게 태블릿과 넷북도 제공합니다. 디지털 보드, 대형 모니터, 대형 태블릿 보관함 및 충전기는 모든 교실에서 널리 사용되고 일반적입니다. 덕분에 학생들은 행복감을 느끼고 학습 과정을 즐길 수 있습니다.

제가 방문한 학교 중에는 다양한 첨단 기술을 선보이는 학교가 있었습니다. 이 학교의 모든 교실은 특별한 특색을 가지고 있으며, 코딩/프로그래밍, 가상 현실(VR), 드론 경기장, 로봇 공학, 방송 시설 등이 마련되어 있었습니다. 이 전략은 학생들이 방학 동안에도 학교에 가고 싶게 만듭니다. 독서 능력을 개발하기 위해 모든 한국 학교는 매우 편안한 도서관을 만듭니다. 학생들은 아늑한 분위기 속에서 다양한 최신 도서를 읽을 수 있으며, 일부 도서관에는 디지털 도서 살균, 시상 제도 및 디지털 대출 시스템도 있습니다.

교육 페스티벌 현장(Education Festivals)

저는 매년 1회 열리는 전북 특별자치도 과학 축제와 수학 축제에 참석하는 행운을 누렸습니다. 학생들은 자신이 배운 지식과 아이디어를 표현할 장소가 정말 필요합니다. 모든 부스에는 수많은 멋진 발명품과 활동이 소개되었습니다. 방문객들은 그 결과를 통해 상호작용하고 기념품을 가질 수 있었습니다. 이 페스티벌은 학생들이 어떻게 배우고 창의력을 발휘하는지에 대한 새로운 시각을 갖게 해주었습니다.

사실 교사 교환 프로그램을 진행하면서 할 이야기가 엄청나게 많습니다. 제가 보낸 지난 3개월의 매일은 예측할 수 없는 특별함이었고, 진행한 모든 수업은 소중했습니다. 한국 학생들의 웃는 얼굴로 인해 저의 하루는 더욱 밝아졌습니다. 감사합니다, 이창근 선생님. 인도네시아 스마랑에서 전합니다.

도니 선생님께 전달하는 학생들의 마지막 메시지가 담긴 플래카드

도니 선생님의 진심 어린 글을 읽으면서 나는 깊은 성취감을 느꼈다. 이 3개월은 단순한 문화 교류가 아닌 성장, 학습, 연결의 여정이었다. 작별 인사는 슬펐지만 우리가 만든 추억은 영원히 우리와 함께 남을 것이라 확신한다. 그리고 어쩌면 그날 울었던 학생들처럼 이것이 진정한 이별이 아니라 더 깊은 인연의 시작이라고 믿는다.

3

셋:
지난 시즌의 주인공은 교사, 이번엔 학생입니다

지난 시즌, 외국인 선생님과 함께했던 교사 교류가 중심이었다면 이번 시즌의 주인공은 단연 아이들이다.
『한 권으로 끝내는 국제교류 수업』에서는 그런 1년간의 운영 과정을 정리한 바 있지만, 이 책에서는 조금 다르게 접근하고 싶었다.
운영 매뉴얼이 아닌, 학생들과 함께 수업 속에서 만들어낸 변화의 순간들을 이야기하고 싶다.

뜨거웠던 3개월,
그리고 새로운 시작

두 외국 선생님이 떠나고 난 그 빈자리는 참 많이도 허전했다. 멘토 교사로서 거의 하루의 모든 시간 동안 두 선생님에게 교육적으로, 그리고 한국 생활에서 의미 있는 경험의 시간을 주기 위해 고민했었다. 열정과 감동이 함께였던 뜨거운 3개월이 지나고 맞이한 겨울방학의 시간은 달콤한 휴식의 시간이기도 했지만 동시에 몸도 마음도 모두 소진하여 더 이상 무언가 새롭게 시작하고 싶지 않은 번아웃의 시간이기도 했다.

하지만 휴식의 시간 중에도 친구로서의 꾸준한 교류는 이어오고 있었다. 소소한 일상을 공유하고 서로의 추억의 장소나 물건을 볼 때면 안부를 묻고 했었다.

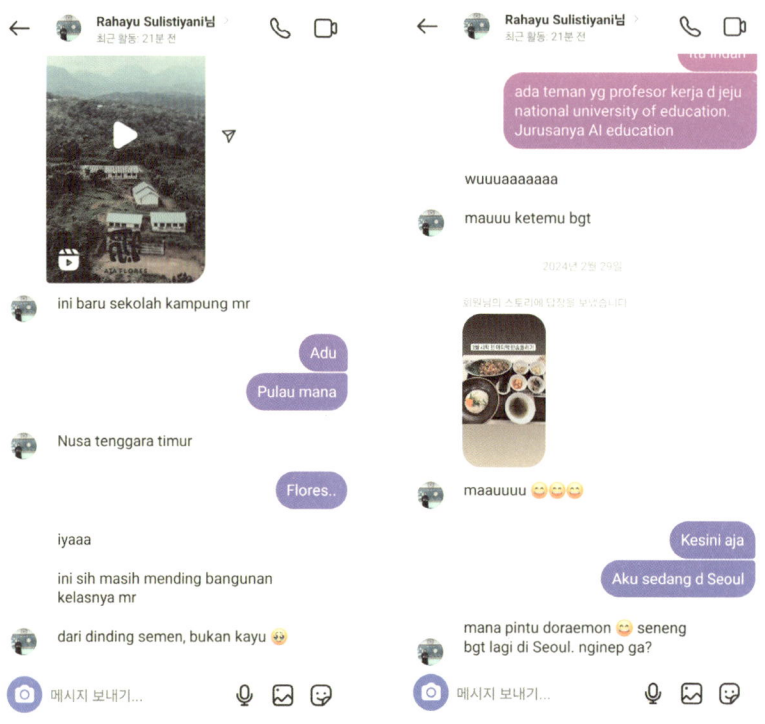

사소한 일상을 나누거나, 양국의 큰 소식이 있을 때도 이야기를 나누곤 하는 우리

그러던 중 국제교류 수업 협력 프로젝트에 관한 이야기를 나누게 되었다.

두 인도네시아 선생님들이 국제 교사 교류 활동으로 내 학교에 근무하는 동안 나는 이 프로젝트의 담당자였고, 동시에 국제교류 수업을 인도네시아의 한 학교와 진행하는 또 다른 프로젝트를 진행하고 있었다. 라하유 선생님은 내가 진행하는 국제교류 수업을 바로 옆에서 지켜보면서 나도 한번 해보고 싶다는 생각이 들었다고 한다.

"이 선생님, 제 학교와 국제교류 수업을 함께 해주실 수 있나요?"

유네스코 아태교육원이 주관한 국제 교사 교류 프로젝트가 이제는 국제교류 수업이라는 새로운 형태로 발전하며, 본격적인 첫걸음을 내딛는 순간이었다.

열정 넘치는 라하유 선생님이지만 자기는 국제교류 수업 프로젝트는 처음이니 내가 다시 한번 멘토 선생님이 되어달라는 말과 함께.

시작을 어떻게 할까?
일단 가자

 첫 시작은 어떻게 하면 좋을까? 한국에서는 국제교류 학생 동아리 운영비를 시도교육청에서 확보하여 진행하는 경우가 많다. 하지만 인도네시아는 그러한 케이스가 잘 없고, 특히나 라하유 선생님의 학교는 사립학교이다 보니 재단 이사회의 지원이 중요했다. 지금까지 진행한 적이 없던 프로젝트인 국제교류 수업 활동을 잘 시작하려면, 이사회의 지지를 받는 것이 중요해 보였다.

 파트너 학교의 대표 교사인 내가 직접 현지 학교를 미리 방문해서 대면으로 이 프로젝트와 구체적인 계획을 잘 설명하고 돌아오면 라하유 선생님은 이사회의 적극적인 지지를 더 수월하게 받을 수 있을 것 같았다. 더불어 전년도에 자신들 학교의 교사를 한국에서 파견받아 멘토 교사로 지원했던 내가 그 파트너라면 더 신뢰해주지 않을까?

'시작을 어떻게 하지? 뭐, 일단 가보자!'

사실 개인적인 시간과 비용을 들여서 이렇게까지 일을 시작하는 케이스는 거의 없다. 그래서 주변에 국제교류 수업 활동을 진행하고 계시는 많은 선생님들이 보시기에는 굳이 그렇게까지 할까 싶을 수도 있다. 하지만 나는 아무나와 이 프로젝트를 하고 싶었던 것이 아니라 내 친구 라하유 선생님과 이 일을 하고 싶었고, 이 친구를 돕고 싶은 마음이 컸기에 기꺼이 개인적인 방문 일정을 잡았다.

그리고 이 방문을 함께 해준 고마운 사람들이 있다.

먼저, APEC 국제 교육 협력원에서 알콥[5] 교사로 활동하며 다양한 국제교류 프로젝트를 진행하며 연을 맺은 오현경 알콥U 대학생. 지난해 신창초등학교와의 누산따라데이 협업을 통해 알게 된 친구인데 마침 이 시기에 인도네시아로 개인적인 여행 일정 중이라며 나의 학교 방문 일정에 동행을 먼저 요청해주었다.

두 번째로는 자카르타 한국국제학교에서 나와 같이 근무했었고, 지금도 쭉 거기서 근무하고 있는 신요셉 선생님. 같이 근무한 기간은 2020년도 1년간이지만 개인적으로 친구로서의 연은 쭉 이어오고 있다. 신 선생님에

---

5) 알콥: 국제 학습 공동체를 구현하기 위해 노력하는 교육 봉사 단체

게도 좋은 경험이 될 것 같아서 학교에 함께 방문하면 어떻겠냐고 권유해서 함께 방문하게 되었다.

현지 운전면허와 개인 차량을 소유하고 있는 이 선생님이 차량 운전도 해주어서 너무나 편하게 다녀올 수 있기도 했다. 이 학교 선생님들께 자기소개를 할 때 "사야 소피르 미스터 리"라고 장난스럽게 이야기할 때는 당황스럽기도 했지만.

저 말의 뜻은 '저는 미스터 리의 운전수입니다.'이다.

아유 선생님 학교 사전 방문의 모습

처음 나는 가벼운 방문이라고 생각했는데 라하유 선생님의 보소와 비나 인사니(Bosowa Bina Insani) 학교는 정성스럽고 진지하게 우리를 맞이해주었다. 먼저 학교 SNS 계정에 대문짝만 하게 나를 비롯한 세 사람의 사진을 넣어 환영 메시지를 올렸고, 현수막까지 준비해주었다.

학교의 이사회 임원과 교장, 교감 선생님과 나란히 앉아서 두 학교 간에 1년간 어떠한 활동들을 할 수 있고, 하고 싶은지 의견을 나눴다. 한참의 대화를 나누고 난 뒤에는 식사와 간식까지 정성으로 준비해주셨다.

그리고 유치원 교실부터 모든 학년 교실을 견학했다. 인도네시아는 한류가 정말 강한 나라이다. K-POP, K-드라마뿐만 아니라 한국의 모든 것에 관심이 많다. 그래서인지 학생들은 한국에서 찾아온 학교 손님들을 정말 너무나 기쁘게 맞이해 주었다.

그리고 우리 일행은 두 그룹으로 나누어졌다. 먼저 나를 제외한 현경, 요셉 그룹은 비나 인사니 학생들을 대상으로 윷놀이와 제기차기 특강을 진행했다. 미리 한국에서 윷놀이 세트와 제기 세트를 여러 개 준비했고, 현경 학생이 한국에서부터 열심히 설명 자료를 제작해서 깜짝 수업을 시작했다.

윷놀이 방법을 설명하는 현경 학생

같은 시각 나는 어딘가로 연행(?)되었는데, 학교 방송실이었다. 한국 학교의 방송실은 방송반 학생들과 방송반 담당 교사 1명이 운영한다. 그런데 이 학교 방송실은 달랐다. 마치 전문 방송국의 보이는 라디오 부스 같은 공간이 먼저 놀라웠다. 그리고 어른들은 왜 이렇게 많은지, 방송 스텝 역할을 하는 학교 교사를 비롯한 직원들이 3명이나 있었다. 그리고 MC 역할의 두 선생님이 날 기다리고 있었다.

여기서부터 진땀 나는 40분이 시작되었다. 무려 40분 동안 인도네시아어로 인터뷰 형식의 방송이 시작되었다. 자기소개로 시작하여 왜 이 한국 선생님이 학교에 방문하게 되었고, 앞으로 어떠한 계획이 있는지를 학생 청자를 대상으로 이야기하는데, 대체 내가 무슨 말을 했는지도 전혀 기억나지 않는다.

어쩌면 이런 나를 인터뷰했던 Ms.Nia, Ms.Mei 두 선생님이 속으로는 나보다 더 당황했을까?

땀을 뻘뻘 흘리며 인터뷰한 그 보이는 라디오 영상은 유튜브에 'Bina Insani, Changkeun Lee' 키워드로 검색하면 굴욕 영상으로 지금도 박제되어 있다.

이후에 현경, 요셉 일행이 윷놀이를 설명하며 진행하느라 힘들었다고 말하는데, 이렇게 말해주고 싶다. "난 당신들이 얼마나 부러웠는지 몰라."

내가 웃는 게 웃는 게 아니야. 팟캐스트 인터뷰 공간

국제교류 수업
학생 동아리 조직하기

　국제교류 수업을 진행할 최고의 파트너 학교와 선생님은 정해졌다. 국제교류 수업은 학급 단위 또는 동아리로 운영이 되는데 이번에는 동아리로 진행하기로 하였다.

　동아리로 운영하는 경우의 장점이 많다. 먼저 스스로 참여를 희망하는 학생들로 동아리가 구성되기 때문에 적극적인 참여도를 기대할 수 있다. 그리고 동아리 모집 단계에서 경쟁을 통해 선발하는 상황이라면 외국어 능력, 발표력, 프로젝트 수행 능력 등의 영역에서 경쟁력 있는 학생들로 동아리를 구성할 수 있다.

　하지만 동시에 단점도 있다.

1. 방과 후 시간에 동아리 운영을 하기에 교사와 학생들의 시간적 부담이 항상 있음. (교사들의 업무 시간, 학생들의 학원 스케줄 등)
2. 따로 시간을 내서 함에도 불구하고 활동 시간은 항상 부족함.
3. 동아리 학생 선발 과정이 필요하기에 운영 교사의 새로운 업무가 하나 더 생기는 문제
4. 선발 경쟁률이 있는 경우, 선발 결과에 대한 민원 제기 다수 있음.

3번 단점이 가장 부담스러운 요소이지만, 그럼에도 불구하고 많은 장점이 있는 국제교류 동아리 활동이기에 당차게 선발 과정을 진행했다. 선발 과정에 많은 시간과 노력, 그리고 꼼꼼함을 기울일수록 몸은 힘들지만, 나중에 마음이 힘든 일은 적어진다.

그래서 내가 이 동아리 학생들을 선발하기 위해 진행한 선발 과정은 총 2차로 진행했다.

1차에서는 국제교류 활동과 관련한 논술 평가를 실시했고, 학생들의 사전 미션 영상도 받았다.

2차는 면접으로 진행되는데 총 2개의 면접실(영어 면접실, 한국어 면접실)에서 진행했다. 학생 대기실도 필요하고 원어민 면접관 등을 미리 섭외하기도 하는 등 미리 준비해야 하는 일은 정말 많다. 언젠가 왜 이렇게까지 하느냐고 묻는 사람이 있었다.

신청 학생과 학부모가 선발 결과에 의문을 제기하지 않게 하기 위해서라고 답한다면 현직 선생님들은 내 대답에 고개를 끄덕이시려나.

동아리 학생들의 모습, 24명이나 조직하다니 용기가 가상한 나

최고의 국내(?) 파트너 구하기

1년 동안의 긴 대장정으로 진행되는 국제교류 수업 프로젝트는, 진행하는 많은 선생님들이 공통적으로 "이 일은 외로운 싸움이다."라고 말하는 프로젝트이다. 만약 온라인을 넘어 대면 교류 활동까지 계획하고 있다면, 정말 수많은 과제들이 눈앞에 놓이게 된다.

하지만 아무리 준비를 잘 하고, 경험이 쌓인다 하더라도 이 길은 혼자 걸을 수 없는 길이다. 1년 프로젝트의 큰 그림을 그리는 것도 중요하지만, 그 이상 중요한 일은 바로 좋은 국내 파트너 교사를 만나는 일이다.

좋은 파트너 교사는 단순히 업무를 분담하는 사람이 아니다. 프로젝트 아이디어를 함께 구상하고, 자료를 정리하고, 수업을 구성하고, 예상치 못한 상황에서 함께 웃고 고민하는 동료이자 동반자다. 특히 이 길을 오래 걸어가려면, 중간에 떨어지기 쉬운 활력과 동기를 서로 북돋아 주는 사람의 존재가 절실하다.

아이디어가 막힐 때, 시간에 쫓길 때, 학생들 앞에서 작은 감동 하나 만들어내기 위해 온 힘을 쏟을 때, 그 순간 곁에서 함께 뛰어줄 누군가가 있다면, 국제교류 수업은 결코 외로운 싸움이 아니라 '같이 가는 길'이 된다.

최근 2년간 나의 온라인 국제교류 수업의 상대 교사는 인도네시아의 라하유(Rahayu) 선생님이다. 매번 함께 수업을 설계하고 실행하며 우리는 국경을 넘어선 진짜 교육 파트너가 되었다. 그 사이, 나는 근무 학교가 바뀌었고, 새로운 시작에 대한 기대와 함께 약간의 두려움도 있었다.

하지만 정말 감사하게도, 나는 두 학교에서 각각 너무나 특별한 국내 파트너 교사들을 만날 수 있었다. 처음에는 같은 학년 담임 선생님들이었고, 그다음은 문성철 선생님, 그리고 지금은 신성환 선생님이다.

이 사람들은 나에게 있어 단순히 함께 수업을 만드는 동료를 넘어, 때로는 아이디어를 정리해주는 조력자이자, 지칠 때마다 웃음과 에너지를 주는 비타민 같은 존재였다. 그들이 있었기에 수업은 더 풍성해졌고, 나의 국제교류 수업 여정도 더 단단하게 이어질 수 있었다.

혼자였다면 결코 해내지 못했을 수많은 순간들. 그 안에는 언제나 묵묵히, 그러나 힘 있게 함께 걸어준 파트너 교사들의 발자국이 함께 남아 있다. 이 글을 통해 다시 한번 진심으로 고마움을 전하고 싶다.

학생들이 선택한 진짜 한국 이야기:
문화 수업의 변화

국제교류 수업에서 문화 교류라고 하면 흔히 떠오르는 이미지가 있다.

김치, 한복, 전통놀이, 사물놀이, 한옥처럼 한국을 대표하는 전통문화들이다. 나 역시 문화 수업을 준비할 때 이와 같은 전통적인 요소들을 항상 빠뜨리지 않는다. 외국 친구들에게 우리의 뿌리를 보여주는 일은 매우 중요하고도 뜻깊기 때문이다.

하지만 시간이 지나면서 하나의 고민이 생겼다. 이러한 전통문화도 중요한데, 학생들은 정말 이 문화 교류 주제를 즐기고 있나? 우리 학생들이 실제로 살아가는 모습을 소개해보면 어떨까?

학생들에게 "외국 친구에게 어떤 한국을 소개하고 싶어?"라고 물으면 아이들은 전통보다는 지금 이 순간, 자기 일상 속의 한국을 이야기하고 싶어한다.

그래서 이번 온라인 문화 수업에서는 전통문화와 함께, 학생들의 현재 일상의 이야기도 문화 교류의 주제로 삼아보기로 했다.

그 출발점은 간단한 질문이었다.
"여러분이 외국 친구에게 소개하고 싶은 한국은 무엇인가요?"

아이들은 머뭇거림 없이 이야기했다.
"편의점 인기 간식이요!"
"아침부터 밤까지 한국 초등학생의 하루를 영상으로 보여줄래요!"
"세뱃돈이나 용돈은 어떻게 쓰는지도 재밌을 것 같아요!"

이런 반응을 보며 나는 깨달았다.
어른들의 눈으로는 떠올리기 어려운, 하지만 더 생생한 한국 문화가 여기에 있구나.

그래서 학생들과 함께 다음과 같은 주제도 다뤄보았다.

- 한국 초등학생의 하루를 보여주는 브이로그
- 편의점 꿀 조합 간식 리뷰
- 세뱃돈을 어디에 쓰는지에 대한 발표
- KPOP 응원봉 아이돌 팬덤 문화
- 인기 캐릭터 소개, 방과 후 생활, 학교 급식 이야기 등

학생들 일상의 문화를 수세보 만든 말표 사료

수업이 끝난 뒤, 아이들은 전보다 더 뿌듯해했고 더 즐거워했다. 그 이유는 단순하다. 자기 삶의 이야기를 했기 때문이다.

이 과정에서 나는 또 하나의 즐거운 발견을 했다. 비슷한 시도를 하고 있는 다른 선생님들 역시 문화 수업의 관점을 조금씩 바꿔가고 있다는 점이다.

그분들 역시 "한국의 빨리빨리 문화", "대부분의 한국 가정에 있는 디지털 도어락", "학생들이 자주 쓰는 유행어" 같은 소재들이 외국 친구들에게는 흥미롭고 독특한 문화적 이야기가 된다고 말한다.

그렇다. 문화는 꼭 전통에만 있지 않다.
아이들의 일상 속에도 한국이 있고, 지금의 삶을 나누는 것도 훌륭한 문화 교류다.

교과 수업에 스며든 교류:
기관과 함께 만든 몰입의 수업

나도 늘 그랬고, 지금도 그렇다. 대부분의 국제교류 교과 수업은 교과서에 제시된 주제나 교사들이 부여한 문제 상황을 바탕으로 설계되고 진행된다.

가장 대중적인 수업 주제는 '환경 문제', '지속 가능한 지구', '기후 변화 대응'처럼 국제적으로 통용되는 교육 주제를 아이들과 나누며, 각자의 해결 방안을 모색하는 활동이었다.

좋은 수업이었다. 하지만 언젠가부터 조금은 다른 접근을 시도해보고 싶다는 생각이 들었다.

수업의 출발점을 교사가 혼자 만드는 것이 아니라,
실제 전문가가 던진 메시지에서 출발하는 수업.

그리고 학생들이 그 메시지를 중심으로 몰입하고 고민하며 자신만의 이야기를 만들어가는 수업.

이러한 상상을 현실로 만들어준 곳이 바로 한국의 산림청과 인도네시아 환경산림부가 공동 설립한 국제협력기관, '한-인니 산림 협력 센터(KIFC, Korea-Indonesia Forest Cooperation Center)'였다.
 KIFC는 양국의 산림 조성과 복원, 기후 대응, 산불 예방 등의 다양한 분야에서 협력의 교두보 역할을 하는 기관이다.

센터의 김형균 팀장님과는 지인의 소개로 인연이 닿았다. KIFC가 인도네시아 자카르타에 위치한 만큼, 우리는 온라인 줌 회의로 첫 인사를 나눴다. 김 팀장님은 내가 기획하고 있는 한국과 인도네시아 초등학생 간의 온라인 국제교류 수업 프로젝트에 큰 관심을 보이며, '기후 위기와 산림 보호'를 주제로 한 수업용 학습지를 직접 설계해 제공해주셨다. 그리고 그것이 시작이었다.

수업은 6월 5일 세계 환경의 날, 우리 반 한국 학생들과 아유 선생님의 인도네시아 학생들이 실시간으로 온라인에 접속하며 열렸다.
 단순한 언어·문화 교류를 넘어, 글로벌 환경 문제를 함께 배우고 실천하는 특별한 국제교류 수업이 시작된 것이다.

온라인 교류 수업 포스터

    이날 수업 도입부에는 정철호 KIFC 센터장님이 직접 접속해 아이들에게 따뜻한 인사말을 전했다.

    "KIFC는 한국과 인도네시아 양국 정부 사이에서 산림 환경 협력을 위한 다양한 활동을 펼치고 있습니다. 양국의 어린 초등학생들이 산림 환경을 주제로 함께 수업을 진행하는 모습을 보니 매우 뜻깊습니다. 기관 차원에서 진심으로 감사드립니다."

인사말을 건네는 센터장님의 모습

이 수업에서 가장 특별했던 점은, 전문기관에서 직접 제시한 주제와 자료로 학생들이 수업에 참여했다는 점이다.

학생들은 다음과 같은 다섯 개의 주제 중 하나를 선택해 조별로 발표를 준비했다.

---

1. 기후 변화는 왜 일어나는가?
2. 기후 변화가 초래하는 문제는 무엇인가?
3. 맹그로브 숲은 왜 중요한가?
4. 왜 한국과 인도네시아는 함께 산림을 복원하는가?
5. 지구를 지키기 위해 나는 무엇을 약속할 수 있을까?

학생들은 주제를 중심으로 자료를 찾고, 직접 그림을 그리고, 팀원들과 의견을 나누며 열심히 발표 자료를 만들었다.

한국 학생들은 수소 버스를 소개하는 브이로그를 직접 촬영해 공유하고, 맹그로브나무의 역할을 짧은 역할극으로 표현하기도 하며 수업에 생동감을 더했다.

인도네시아 학생들은 맹그로브 숲을 미리 답사한 뒤, 자신들이 가이드가 되어 소개하는 형식으로 수업 발표를 진행하기도 했다.

학생들의 수업 발표 자료

나는 그날, 화면 속 아이들의 반짝이는 눈빛을 보며 확신했다.

환경 분야 전문기관이 수업에 개입하고 함께 호흡하니, 아이들의 몰입도는 전혀 다른 수준이 된다는 것을.

더욱 인상 깊었던 것은 이 수업이 단지 온라인에서 끝나는 것이 아니라, 다가올 인도네시아 현장 체험 학습과도 연결되어 있다는 점이었다.

3 셋: 지난 시즌의 주인공은 교사, 이번엔 학생입니다

KIFC는 오는 9월 고산초 학생들이 인도네시아를 방문할 때, 현지에서 산림 환경 특강과 맹그로브 숲 탐방, 묘목 심기 활동을 지원하기로 했다.

아이들이 온라인에서 발표했던 바로 그 주제를, 실제로 몸으로 체험하게 되는 것이다.

단순한 '나무 심기'가 아닌, '추억을 심는 시간'이 되는 순간이다.

국제교류 수업을 함께하는 두 학교 학생들이 맹그로브 숲에서 묘목을 심을 예정이다

이 수업을 통해 나는 다시 한번 느꼈다. 국제교류 수업에서 가장 깊은 몰입은 '연결감'에서 비롯된다.

그 연결은 교실을 넘어 전문기관들과 이어지고, 나라와 나라를 잇고, 결국 학생 스스로의 삶과 연결될 것이다.

4

넷:
친구의 땅,
나를 감동시키다

#친구에서교류친구로

#단톡방개설완료

#기억저장중

무대를 향한 진심:
우리가 준비한 한국 문화 공연

국제교류 수업 프로젝트에서 상대국 학교를 방문한다는 것은 단순한 관광이 아니다. 그것은 서로의 교육, 문화, 일상을 보여주며 서로를 이해하는 귀중한 시간이다. 그래서 나는 늘 마음속에 묻곤 했다. "이번엔 어떤 모습으로 한국을 보여줄 수 있을까?"

사실 이토록 진지하게 문화 공연을 준비하게 된 계기가 있다. 지난번 국제교류 프로젝트로 인도네시아의 한 초등학교를 방문했을 때였다. 그 학교에서는 학생들이 직접 전통 의상을 입고 다양한 문화 공연을 펼쳤는데, 무대 위에서 보여준 그 정성과 준비의 깊이에 큰 감동을 받았다. 아이들이 자국의 문화를 이렇게 소중히 여기고 열정적으로 표현하는 모습을 보며, 나는 나도 언젠가 다시 인도네시아를 방문한다면 꼭 진심을 담은 한국문화 공연을 준비하리라 다짐했다.

비나 인사니 학교를 방문한 한국 학생들의 모습

그리고 그 다짐을 실천에 옮겼다.

학생들과 함께 오랜 시간 동안 진지하게 준비한 문화 공연은 세 가지였다.

첫 번째는 한국 전통춤인 〈부채춤〉. 학생들은 전통 의상을 입고, 아름답게 펼쳐지는 부채의 선을 따라 움직이며 한국 전통미를 표현했다. 〈아름다운 나라〉라는 음악에 맞추어 공연을 했는데, 이 공연의 준비 과정에서 정말 감동인 부분은 학생들이 스스로 준비한 공연이라는 점이었다. 국제교류 수업 동아리 학생들 중 한 명이 이 부채춤과 관련한 전문 교육을 받은 학생이 있던 것은 정말 행운이었다. 교사로서 나는 마무리 완성도 부분만 확인해주기만 했다. 화려한 무대 의상의 색감과 몸짓으로 반응이 가장 좋았던 공연이었다.

한국 전통의 아름다움을 가득 느낄 수 있었던 부채춤

두 번째는 흰색 한삼을 활용한 〈한삼 춤〉. 한삼 소매를 통해 절제된 움직임 속의 멋과 감정을 전달하는 이 춤은 무대 위에서 깊은 울림을 주었다.

마지막은 K-POP 메들리 댄스였다. K-pop은 인도네시아 학생들의 삶 속에도 깊게 파고들어 있었다. 많은 비나 인사니 학교 학생들이 중간에 함께 춤도 추었고, 흥겨움을 느낄 수 있었다.

한삼 춤과 K-POP 메들리 댄스팀도 정말 오랜 시간 연습을 하며 호흡을 맞추었다.

이 세 가지 공연을 준비하며 우리는 단순한 춤 연습만 한 것이 아니다. 한국 문화를 나누는 일의 가치도 함께 배웠다. 그리고 학생들은 무대에 오르기 전까지 수십 번의 연습과 리허설을 거치며 협력과 책임감을 배웠다.

그렇게 한국에서부터 정성을 다해 준비한 공연은 드디어 인도네시아 교류 학교에서 펼쳐졌다. 공연이 시작되자, 현지 학생들과 교사들의 표정이 환하게 밝아졌다. 박수와 환호 속에서 우리 아이들은 주인공이 되는 경험을 했다.

이날의 무대는 단순한 공연이 아니었다. 그것은 학생들 스스로가 만든 하나의 한국, 그리고 서로의 문화를 존중하고 이해하는 마음이 빚어낸 특별한 장면이었다.

교실을 넘어, 세상을 잇다:
기관과 함께한 특별한 연결

국제교류 수업은 교사 혼자만의 노력으로 완성되는 수업이 아니다. 교육 현장에서 교사와 학생들이 함께 준비하고 실천하지만, 이 수업이 진정으로 세상과 연결되기 위해서는 더 큰 네트워크와의 협업이 필요하다. 국제교류 수업과 연계하여 해외 현장 체험 학습을 준비하면서 나는 여러 기관들과의 연계를 통해 수업을 확장할 수 있었다. 그중 가장 기억에 남는 세 가지 기관과의 협업 이야기를 나누고 싶다.

국립무형유산원: 한국 전통의 교육적 재해석

국립무형유산원은 한국의 전통문화를 보존하고 연구하는 대표적인 전문 기관이다. 이 기관은 문화 콘텐츠에 대한 깊은 전문성을 갖추고 있고, 나는 교실에서 그러한 콘텐츠를 교육적으로 해석하고 풀어내는 데 전문성을 가진 교사다. 이 두 전문성이 만나는 시도를 해보았다.

국립무형유산원에서는 무형문화재 이수자분들이 직접 제작한 북청사자놀음과 관련된 교육 콘텐츠 자료와 체험 키트를 제공해주었다. 나는 먼저 한국에서 우리 학생들과 함께 이 키트를 만들어보며 수업을 진행했고, 이후 인도네시아의 비나 인사니 초등학교를 방문했을 때, 그곳 학생들과도 함께 사자탈을 만들고 춤을 추는 시간을 가졌다. 말과 문화가 다르지만, 함께 웃고 움직이며 추었던 북청사자춤은 서로의 거리를 단숨에 좁혀주었다.

문성철 선생님의 영어로 진행되는 북청사자놀음 특강

대한민국 대사관: 공공 외교와 학생의 꿈

다음으로는 주 인도네시아 대한민국 대사관과의 협업이다. 외교는 더 이상 정부의 일만이 아니다. 국민과 국민이 친구가 되고, 문화가 연결되며, 어린이들이 세계 시민으로 자라나는 모든 순간이 외교의 시작이다. 요즘에는 이런 흐름을 '공공 외교'라고 부른다.

주 인도네시아 대한민국 대사관 대사 대행님은 우리 학생들을 직접 만나 따뜻한 환대를 해주셨다. 대행님께서 전한 말 중 가장 인상 깊었던 이야기는 이것이었다. "대사관은 나라와 나라가 친구가 되도록 돕는 기관입니다. 그런데 이렇게 어린 학생들이 친구가 되어주니, 외교부를 대표해서 정말 고맙다는 말을 전하고 싶어요."

또한 현직 외교관인 서기관님께서는 외교관이라는 직업에 대해 학생들에게 소개해 주시며, 외교관이 하는 일, 필요한 자질, 그리고 어떻게 준비하면 되는지를 이야기해주셨다.

그리고 학생들의 적극적인 질의응답 시간도 있었다.

이 특별한 시간 이후, 한 학생은 진지하게 "나도 외교관이 되고 싶어요."라고 말했다. 그 아이는 아마 앞으로도 이 기억을 오랫동안 간직할 것이다.

직업 교육, 외교관과의 만남

코린도(KORINDO) 기업 탐방: 경제 협력의 현장을 걷다

마지막으로 우리는 코린도(KORINDO) 그룹 본사를 방문했다. 코린도는 1969년 한국 자본이 인도네시아에 진출해 설립한 대표적인 한상(韓商) 기업이다. 기업명 '코린도'는 코리아와 인도네시아의 합성어로, 양국의 경제 협력과 문화 교류를 상징한다.

현재 약 3만 명의 직원을 두고 있는 코린도 그룹은 목재 가공, 조림, 제지, 중공업, 금융, 부동산, 물류 등 다양한 분야에서 활동하고 있다. 특히 산림 자원 개발과 친환경 에너지 사업에 큰 강점을 가지고 있으며, 인도네시아 20대 대기업 안에 드는 영향력 있는 기업이다.

코린도 기업과의 연결은 우병기 재무상무님과 개인적인 연이 닿아 진행될 수 있었다. 상무님은 코린도 기업을 중심으로 인도네시아와 한국 사이의 경제 교류 이야기와 기업이 추진하고 있는 친환경 미래 산업에 관한 이야기도 들려주셨다.

우병기 상무님은 EBS 세계 테마 기행 인도네시아 편에도 출연한 적이 있을 정도로 인도네시아에 관한 경험과 지식이 풍부하셔서 더욱 즐거운 시간이었다.

이번 방문을 통해 학생들은 한국과 인도네시아가 어떻게 경제적으로 연결되어 있는지 직접 체험할 수 있었다.

코린도의 셀럽이신 우병기 이사님과의 만남

이렇게 교실 밖으로 확장된 국제교류 수업은, 기관들과의 협업을 통해 더 넓은 세상과 연결되었다. 문화, 외교, 경제라는 큰 주제를 아이들의 눈높이에 맞게 풀어내고 실제로 체험해보는 시간. 이 특별한 연결은 분명 아이들에게 오래도록 기억에 남는 배움이 되었을 것이다.

잊지 못할 하룻밤,
빌라에서 보낸 소중한 이야기

학교 방문 중심의 대면 교류 프로그램은 일정이 빽빽하다. 수업, 공연, 이동, 방문까지. 모든 활동이 알차게 구성될수록 아이들과 교사 모두에게는 말 그대로 '정신없는 하루'가 이어진다. 그리고 그렇게 정신없이 흘러간 하루의 끝엔 늘 같은 아쉬움이 남는다. 정말 중요한 건, 인간적인 교감인데 그 시간이 너무 짧다는 점이다.

그래서 이번에는 새로운 시도를 해보고 싶었다. 교류 학교 방문만으로 끝내지 않고, 하루 정도는 아이들과 함께 느긋하게 시간을 보내며 서로의 삶을 나눌 수 있는 자리를 만들고 싶었다. 그렇게 준비하게 된 것이 바로 빌라 1박 프로그램이었다.

한국과 인도네시아 양국에서 참여한 48명의 학생들과 선생님들 10명이 보고르시 인근의 대형 빌라에 모였다. 이곳은 숙박이 가능하고, 큰 식당과 마당, 수영장 등 공동 공간이 있어 함께 어울리기에 최적의 장소였다. 물론 이 장소를 확정하기까지의 수많은 시행착오가 있었지만, 그 이야기는 라하유 선생님의 몫으로 남겨둔다.

빌라 첫날에는 식사를 함께 나누고, 편지 교환 시간을 가졌다. 그리고 게임과 자유 활동 시간도 가졌다. 춤을 추기도 하고, 서로의 언어를 알려주기도 하며 밤은 깊어갔다. 이 시간은 그 어떤 문화 공연이나 발표보다도 더 강한 유대감을 만들어주는 시간이었다.

저녁 게임 활동 시간과 다음 날 아침의 공동체 놀이 모습

그리고 다음 날 아침, 아주 특별한 일이 있었다. 인도네시아 선생님들께서 준비한 아침 체조와 공동체 놀이를 통해 다시 한번 모두가 몸과 마음을 열었고, 이어서 이어진 깜짝 선물은 모두를 감동시켰다.

한국 학생들 몰래 준비한 선물이었다. 인도네시아 학생들이 한국 가수 우효의 노래 〈민들레〉를 완창해 준 것이다. 한국어는 잘 모르지만, 이 노래만큼은 한국어 가사를 하나하나 외워 부르며, 1년간 우리가 함께한 시간에 대한 감사와 우정을 전했다. 이 순간, 많은 한국 학생들이 놀라움과 감동에 눈물을 흘리기도 했다.

그날 이후, 〈민들레〉는 나와 학생들에게 단순한 노래가 아닌, 그날의 향수를 불러일으키는 상징이 되었다.

비나 인사니 학생들이 노래 선물을 공개하기 직전, 마냥 해맑은 전라초 학생들

PEACE로 완성한
국제교류 여정의 마침표
Partnership for Education And Cultural Exchange

이번 국제교류 프로젝트 인도네시아 방문의 대미를 장식할 PEACE 행사는 한국 측인 내가 직접 기획하고 인도네시아 측 파트너 학교들의 구성원인 학생, 교사, 학부모들을 초대한 행사였다.

그동안 온라인으로, 그리고 오프라인으로 이어져 온 교육 및 문화 교류의 여정을 하나로 정리하고, 학생들에게 평생 잊지 못할 '공동의 경험'을 선물하고 싶었다.

PEACE는 Partnership for Education And Cultural Exchange 의 약자이자, 이 국제교류 프로젝트의 핵심 가치 '교육을 통한 상호 이해와 평화로운 협력'의 의미를 상징하는 이름이다. 나는 이 행사를 자카르타 시내 Taman Ismail Marzuki에서 개최하였고, 한국과 인도네시아 각 2개 학교씩 총 4개 초등학교가 공동으로 참여했다.

예전 자카르타 근무 시절 초등학생 제자였던 재이 학생이 이제는 어른이 되어 나와 행사 진행을 함께 해주었다.

행사는 1부와 2부로 나누어 진행되었다.

각 부는 두 개의 파트너 학교들이 담당했고, 다음과 같은 순서로 구성되었다.

행사 구성

1. 선생님들의 국제교류 활동 프레젠테이션

국제교류 파트너인 2개 학교 선생님들이 무대에 올라 온라인 수업과 학교 방문 교류의 전체 과정을 설명했다.

프레젠테이션에서는 활동 사진과 영상, 수업 사례, 느낀 점 등을 공유하며, 참가자 모두가 지난 여정을 되돌아볼 수 있는 시간이 되었다.

지난 1년을 돌아보는 교사들의 발표 모습

2. 학생 문화 공연

이어서 학생들은 한국과 인도네시아의 전통 및 현대 문화 공연을 선보였다.
한국 학생들의 공연뿐만 아니라, 인도네시아 학생들도 전통 의상을 입고 실랏 무술공연, 메락 댄스(공작새 춤), 방콜 춤, 빠용 댄스(우산 춤) 등 환상적인 무대를 꾸며주었다.

인도네시아 학생들의 공연은 매번 볼 때마다 놀라움의 연속이다

3. 문화 나눔 시간

모든 공연이 끝난 뒤, 참가 학생들은 함께 무대에 올라 함께 노래 부르고 춤을 추며 즐거운 시간을 보냈다.
이후에는 한국 음식 체험 시간을 마련해, 케이터링으로 준비한 한국 음식을 나누어 먹으며 문화를 더욱 가까이 체험할 수 있었다.

떼창으로 함께 부르는 노래와 함께 마무리하는 PEACE 행사 참가자들 모습

PEACE 행사는 단지 '마무리 행사'가 아니었다. 그것은 국제교류의 진정한 가치를 아이들의 마음속에 깊이 새기는 순간이었다.

모든 일정이 끝난 뒤, 아이들은 서로에게 정성껏 준비한 작은 기념품을 교환하며, 서로를 기억에 담는 시간을 가졌다. 비록 대면 교류는 이 행사로 마무리되었지만, 그날 우리가 친구가 되었던 순간은 아이들의 기억 속에 오래도록 따뜻하게 남아 있을 것이다. 그리고 그 기억이 언젠가 또 다른 PEACE의 씨앗이 되어, 새로운 만남과 우정을 피워내길 기대한다.

모두의 흥겨운 춤과 함께 마무리하는 PEACE 행사

한 학생의 기록,
내가 만난 친구의 나라

1년간의 국제교류 동아리 활동을 마친 한 학생의 소감을 기록으로 남긴다.

처음엔 낯선 문화와 사람들 앞에서 조심스럽기만 했던 아이들이, 어느새 그 나라의 무대에 서서 주인공이 되고, 친구의 나라를 당당히 이야기하게 되었다.

그들의 표정과 손짓, 그리고 글 속에 담긴 진심은 이 교류의 가장 아름다운 결과물이자, 우리가 이 길을 계속 가야 할 이유다.

이번 국제교류 동아리는 내 인생 첫 국제교류 활동이었다. 처음엔 '과연 잘할 수 있을까?' 하는 걱정도 많았지만, 설레는 마음이 더 컸다. 지금 돌이켜보면, 이 경험은 단순한 수업이나 학교 행사 그 이상이었다. 나를 많이 성장시켜준 정말 특별한 시간이었기 때문이다.

국제교류 활동을 준비하면서 나는 우리나라에 대해 몰랐던 점들을 많이 새롭게 알게 되었다. 예를 들면, 북청사자춤이나 전통 놀이처럼 평소에 잘 접하지 못했던 문화들을 직접 체험하면서 한국이 더 자랑스러워졌고, 동시에 인도네시아의 다양한 전통과 문화를 배우는 것도 정말 재미있었다.

줌 수업으로 인도네시아 친구들을 처음 만났을 때는 조금 어색했지만, 친구들의 밝은 미소 덕분에 금세 마음이 편해졌다. 서로의 문화를 소개하고 대화를 나누면서 '국적은 달라도 우리는 친구가 될 수 있구나.'라는 걸 느꼈다. 그 친구들을 실제로 만나 인사하고 학교에서 직접 만나게 되었을 때는, 마치 진짜 오래된 친구를 만난 것처럼 반가웠다. 우리를 따뜻하게, 그리고 엄청 정성스럽게 환영해주셔서 정말 감동받았다. 친구들과 함께 빌라에서 지낸 날들은 놀이와 웃음이 끊이지 않았고, 그 시간이 너무 소중하게 기억에 남는다.

또, 앙끌룽 공연을 봤을 때는 무대에서 어린 친구들이 정확하게 연주하는 모습이 너무 인상 깊었다. '어떻게 저렇게 잘할 수 있지?' 싶을 정도였다. 공연 후에 직접 앙끌룽을 연주해보는 체험도 했는데, 손끝에 전해지는 소리가 마치 내가 인도네시아 문화 속에 들어간 느낌이었다.

코린도에 방문해서 스마트팜 이야기를 들었을 때는 정말 신기했다. 친환경 방식으로 사무 공간에서도 농업을 한다는 이야기에 '환경을 생각하는 기술이 이렇게 멋질 수 있구나.'라는 생각이 들었고, 나도 환경 보호에 대해 더 고민해보게 되었다. 대사관에 들어가 본 것도 정말 영광이었고, 평생 한 번 있을까 말까 한 경험이었다.

마지막으로 PEACE 행사에서는, 한국의 다른 학교 친구들과 우리가 지금까지 했던 국제교류 수업들을 돌아보며 서로의 이야기를 나눌 수 있어서 더 넓은 세상을 만난 기분이 들었다.

사실 이 모든 활동은 너무 빨리 지나가 버렸다. 하지만 그만큼 소중하고 잊을 수 없는 추억으로 남아 있다. 이 귀한 기회를 만들어주신 선생님들과 모든 분들께 정말 감사드린다. 나중에 또 이런 기회가 생긴다면, 망설임 없이 다시 도전하고 싶다!

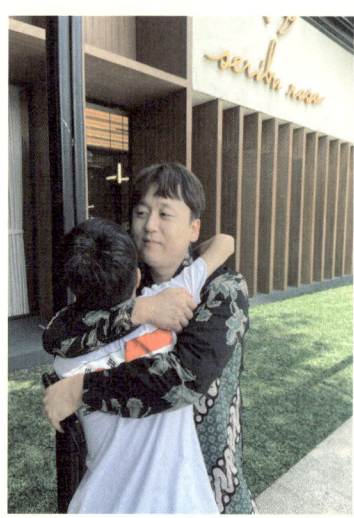 

5

다섯:
국제교류 활동이 나에게 준 선물

이제는 인도네시아 전문가!

난 2018년부터 3년간 인도네시아에 거주한 경험이 있고, 인도네시아어를 공부하여 이제는 어느 정도 언어를 사용할 수 있기도 하지만, 인도네시아 문화에 대해서 잘 알고 있지는 않았다. 자카르타 한국국제학교에서 교사로 일을 하는 것은 특별한 경험이었지만 한국 가정의 학생들을 한국어로 수업하기 때문에 학교에서 인도네시아를 문화적으로 경험할 기회는 생각보다 적었다.

하지만 3개월간 인도네시아 선생님과 함께하는 동안 두 선생님이 인도네시아 문화 수업을 준비하고 수업하는 모습을 지켜보았고, 때로는 다른 학교까지 나아가 공동으로 문화 수업을 진행하기도 했다. 덕분에 짧은 시간 동안 인도네시아 문화에 관하여 정말 다양하게 경험했고, 이 경험은 나를 한 단계 더 발전시켜주었다.

자카르타 서바이벌 3년+서당개 3개월의 결과

두 선생님이 떠나고 난 이제는 그들이 남기고 간 수많은 인도네시아 전통 의상, 미술품, 악기, 공예품 등을 활용하여 나 혼자 '인도네시아 문화'를 주제로 다문화 특강 수업을 진행하기도 한다.

두 선생님을 앞세우고 함께 인도네시아 문화 특강을 다닐 때에는 무서울 것이 없었는데, 처음으로 나 홀로 단독으로 이 특강 진행을 의뢰받았을 때는 어떡하나 싶었다. 두 선생님은 전화 통화를 통해 든든한 응원을 전해 주었다.

3개월간의 서당개 생활을 토대로 이제는 나홀로 다양한 학교에 찾아가는 인도네시아 문화 특강을 통해 여러 학생들을 만나 인도네시아의 지리, 언어, 전통 의상, 놀이 등을 직접 경험해 볼 수 있는 수업을 진행한다. 이를 통해 많은 학생들에게 인도네시아라는 나라를 좀 더 친숙하게 느끼는 시간이 되는 특별한 수업을 하고 있다.

TMI[6]이긴 한데, 결국 내가 스케줄을 맞추지 못해서 불발로 끝나긴 했지만 이런 나의 활동들이 계기가 됐는지 EBS 〈세계 테마 기행〉에서 출연자로 섭외 연락까지 오기도 했었다.

---

[6] Too Much Information의 준말로, 굳이 말하지 않아도 되는 사소한 이야기, 라는 의미이다.

나의 인간관계 모두를 에어드랍?
그리고 추억의 순간들

    두 선생님과 생활하는 동안 나는 나의 대부분의 인간관계를 최선을 다해(?) 공유하는 스스로도 참 특별한 경험을 했다. 가깝게는 나의 가족부터, 근무 중인 학교의 멋진 동료들, 개인적인 인맥의 친구들, 내가 참여하고 있는 다양한 교사공동체 모임의 사람들, 존경하는 선배님 등 내가 공적으로, 또는 사적으로 주로 만나는 대부분의 사람들을 두 사람과 공유했다.

    친한 친구에게 한두 명의 내 친구를 소개해 준 적은 있지만 내 대부분의 네트워크를 공유해본 적은 없었다.
    내가 좋아하는 많은 사람들이 두 사람의 친구가 되었고, 이제는 나 없이도 개인적으로 소통하는 모습을 보면 기분이 묘하다.

이제는 라하유&도니 선생님의 지인이 되어버린 이창근 유니버스

    그뿐 아니라 두 외국 선생님과 한국의 관광지를 함께 방문하기도 했고, 한국 음식을 소개해주기도 하며 추억의 순간들도 많이 남았다. 등산을 잘 못 하는 도니 선생님과 순창 용궐산을 올랐을 때 헉헉거리며 바윗돌에 누워서 쉬는 모습이나, 횟집에 갔을 때 낯선 식재료에 당황해하는 모습(개불은 도저히 먹을 수 없었기에, 도전할 수 없었던 외국 친구들), 한국 드라마에 나온 촬영 명소들을 방문할 때면 끊임없이 사진을 찍는 라하유 선생님의 모습(스스로를 '사진 사람'으로 부른다. 인도네시아 말로는 오랑 뽀또!) 등 많은 추억의 장면들이 있다. 앞으로도 소중한 친구로 두 사람과의 연을 잘 이어가고 싶다.

이제는 추억의 순간이 되어버린 사진들

새로운 인연의 시작

이 일을 통해 새롭게 시작된 인연도 있다. 두 인도네시아 선생님을 위해 내가 소개했던 전북대학교 니마 학생과의 연이 확장되어 전북대학교 동남아연구소 전제성 교수님과의 연이 시작되었고, 나중에는 '초등학교 현장, 인도네시아와의 국제교류 이야기'라는 주제로 대학교 강단에서 인도네시아와의 문화 교류를 소개하는 특별한 기회도 얻었다.

전북대학교 동남아연구소 박사님들, 그리고 동남아 언어 캠프에서 특별 강연의 기회까지

우리 학교에서 인도네시아와 함께 진행한 교사 교류와 국제교류 수업 이야기는 주한 인도네시아 대사관 측에서도 흥미로운 소식이었다고 한다. 대사관의 고곳(Gogot) 교육 담당관이 파견 인도네시아 교사들을 통해 우리 학교 학생들을 초청하고 싶다는 제안을 해주었다.

대사관 측에서는 시설 견학을 시작으로 학생들을 위한 앙끌룽, 가믈란 악기 교육과 사룽을 이용한 전통 놀이와 바띡 교육까지 길지 않은 시간에도 인도네시아와 관련한 다양한 문화 이야기를 전달해주기 위해 많은 노력을 기울였다.

담당관님의 사모님이 새벽부터 직접 요리하여 준비한 인도네시아 볶음밥인 나시고렝까지 점심 선물로 받은 어린 초등학생들은 큰 추억을 남길 수 있었다.

담당관님은 고등학교 선생님 출신이라고 한다. 그의 따뜻한 환대를 통해 그의 한국에 대한 사랑, 아이들을 향한 진심을 느낄 수 있었다.

지금은 고곳 담당관님께서 인도네시아 교육부로 근무지를 옮기셨지만, 지금도 꾸준히 소통하며 멋진 교육적 협력의 기회를 모색하고 있다.

주한 인도네시아 대사관 고꼿 교육담당관님 내외의 따뜻한 환대

이번에는 내가 도전해볼까?

두 인도네시아 선생님이 한국에서 즐겁게 생활하는 모습을 볼 때면 나도 언젠가 두 사람처럼 낯선 외국의 로컬학교에서 한국 문화를 전하는 파견 교사로 가보고 싶다는 상상을 해보곤 했다.

이 도전의 마음은 모든 프로젝트를 마무리하는 유네스코 아태교육원 주최의 SSAEM 컨퍼런스 행사장에서 더 커졌다.

이 행사는 유네스코 아태교육원에서 진행하는 1년 중에 가장 큰 행사이다. 여러 나라에서 한국으로 파견 온 선생님들이 문화 공연을 선보였다. 마치 올림픽에 출전한 국가대표처럼 경쟁적으로 준비하여 멋진 공연을 보여준 선생님들이 인상 깊었다.

"This is a competition!"(이건 경쟁이야!)

그리고 각자 학교에서의 지난 3개월을 발표하는 순서도 있었다.

여러 나라에서 온 선생님들의 지난날들을 추억하는 모습과 상기된 표정이 나를 더 설레게 했다. 라하유 선생님이 우리 학교에 와있는 그 시간 동안 한국의 두 선생님이 라하유 선생님의 학교로 파견을 나가 있었는데, 이 두 선생님도 만날 수도 있었다.

한국 선생님들의 인도네시아 학교 생활 이야기까지 듣고 나서 더 커진 도전의 마음을 나도 언젠가 펼쳐보는 날이 오길 기대한다.

파견 선생님들의 특별한 문화 공연, 그리고 교사 교류 대상 국가들의 수업 자료 부스

새로운 꿈을 꾸게 된 교사 교류 활동의 정말 마지막 날이었던 SSAEM 컨퍼런스 날에는 동남아 국가에서 한국으로 온 모든 참가자들이 기대하는 눈이 내렸다.

그것도 올해의 첫눈! 잠깐의 쉬는 시간을 틈타 행사장을 떠나 어린 아이들처럼 방방 뛰는 그들의 모습을 영상에 담아 내 SNS 공간에 'Kids from various countries(여러 나라에서 온 어린이들)'라고 올린 내 게시글에 빵빵 터졌던 그들을 추억한다.

작별의 날은 슬프다

끝나지 않은 선물

이 교류가 내게 준 선물은 여기서 끝나지 않았다.

APEC Future Education Consortium(AFEC)이 열린 태국 방콕의 무대 위에서, 라하유 선생님과 나란히 서는 기회를 얻었다. 한국과 인도네시아, 두 나라의 교사로서 함께한 국제교류의 이야기를 전 세계 교육자들 앞에서 발표하는 순간은 정말 특별한 경험이었다.

단순한 발표를 넘어, 우리가 서로를 프로젝트의 파트너가 아닌 '사람'으로 만났다는 사실을 나눌 수 있어서 더 큰 의미로 다가왔다.

2023년, 2024년 나의 국제교류 수업 파트너 리타&라하유 선생님과 함께

또한 세종에서 열린 국제교류 컨퍼런스에서는 제 소속이 아닌 타 시도 교육청의 선생님들과 직접 대화하고, 경험을 나눌 수 있는 소중한 기회도 있었다. 교류 이야기에 귀 기울여 주고, 공감과 격려를 보내준 많은 분들께 깊이 감사드린다.

무엇보다 나를 감동시킨 건, 사람들이 관심을 가진 부분이 단순한 프로그램의 성과가 아니라는 점이었다. 사람들은 '이창근과 라하유'라는 두 교사가 어떻게 서로를 바라보고, 어떤 관계로 함께 성장해 갔는지를 주목해 주었다. 그 관심이 진심으로 고마웠다.

세종교육청 선생님들과 나눈 우리의 국제교류 이야기

    내가 말하는 '연결'은, 교사가 학생에게 일방적으로 뭔가를 '주는 수업'도 아니고, 한국 학생들이 '얻어가야만 하는 프로젝트'도 아니었다.
    이 국제교류 수업을 통해, 나는 학생도, 교사도, 학부모도, 그리고 양국의 모든 참여자가 서로에게 감동을 주고받는 사람 대 사람의 연결을 경험하길 바랐다.

    그 감동은 특별한 콘텐츠나 큰 성취에서 오는 것이 아니다.
    진심을 담은 인사 한마디, 서로를 알아가려는 작은 노력, 때로는 화면 속 친구의 눈빛 하나에서 전해지는 말 없는 공감, 그런 순간들 속에 있다.

5 다섯: 국제교류 활동이 나에게 준 선물

라하유 선생님은 내게 단지 '함께 일한 파트너'가 아니라, 이야기를 함께 써 내려간 동료이자 친구였다. 우리는 서로를 '프로젝트의 대상'이 아니라 '사람'으로 만났고, 그 만남이야말로 내가 이 교류에서 얻은 가장 큰 선물이었다.

PEACE 행사를 기념하기 위해 제작한 응원봉과 라하유 선생님이 주신 감동의 선물

학생들 역시 이 특별한 순간을 추억하기 위한 선물들을 준비하기도 했다

INTERLUDE
각자의 이야기, 당시의 속마음을 곁들인

선생님이 우리 학교에 오셨던 첫날, 저는 사실 많이 긴장했어요.
'내가 잘 챙겨드릴 수 있을까?', '학교 분위기에 자연스럽게 녹아드실 수 있을까?' 걱정이 컸거든요.
아무래도 3개월이라는 시간이 짧지만은 않으니까요.

저는 전주의 거리를 걷는 것만으로도 행복했어요. 아이들이 신발을 갈아 신는 풍경, 복도에서 나누는 인사, 학교 급식의 맛까지 모든 것이 새로웠죠.
이창근 선생님은 늘 옆에 있어 주셨어요. 수업은 물론이고 퇴근 후, 주말마다 어디론가 데려가 주시고, 친구들도 소개해 주시고요.
나중에는 '한국 가족'이 생긴 기분이었어요.

가끔은 '이 관계가 프로젝트로만 끝나는 건 아닐까?' 하는 불안도 있었어요.
교사와 교사, 프로젝트 파트너로만 남는 게 아니라 사람 대 사람으로 진짜 연결될 수 있을까 싶었거든요.

그런 생각, 저도 했어요.
하지만 선생님은 저를 단지 '문화 소개자'로 보지 않으셨잖아요.
학교 선생님 모임, 친구들, 가족까지 제게 다 소개해 주셨잖아요.
그건 제가 혼자였다면 절대 만날 수 없는 세계였어요.

한 번은 이런 생각도 했어요.
'내 인간관계를 거의 에어드랍하듯 공유하고 있구나.'
가족, 동료, 친구, 각종 모임까지 내가 좋아하는 사람들을 다 소개하고 싶어졌어요.
그만큼 선생님을 신뢰하고 있었던 것 같아요.

INTERLUDE

그걸 느꼈어요.
그래서 저도 마음을 열 수 있었고, 선생님을 통해 알게 된 사람들과 이제는 개인적으로 연락하는 친구가 되었어요.
가끔은 제가 지금도 전라초 교사인 것만 같아요.

같은 공간에 있었지만, 우리 두 사람이 각자 어떤 생각과 감정들을 겪고 있었는지는 돌아보는 글쓰기를 하면서 더 깊이 이해하게 되는 것 같아요.

저도 그래요. 그때는 바쁘고 낯설고 정신없었지만, 지나고 나니 소중한 순간들이 많았더라고요.
이제는 제가 선생님께 인도네시아를 소개해 드릴 차례예요.

그날이 빨리 오면 좋겠네요.
이번엔 제가 선생님의 '한국인 학생'이 되겠습니다.

PART 2

인도네시아, 라하유 선생님의 이야기

> 배움을 나누려 했지만, 결국 내 마음이 먼저 자랐습니다.

1

SATU:
프로듀스 교사 699, 나의 데뷔 프로젝트

'SATU'는 인도네시아어로 '1'을 의미합니다.

1

이게 진짜라구요?

어느 금요일 아침이었어요. 평소처럼 교사로서의 하루를 시작했고, 마침 체육 수업 시간이어서 운동장에 나가 아이들과 함께 있었죠. 그때 갑자기 왓츠앱(WhatsApp)에 메시지가 도착했어요. 심장이 쿵쿵 뛰기 시작했어요.

"설마 진짜야?"

조용히 되뇌는 순간, 어느새 눈물이 주르륵 흐르기 시작했어요.

옆에 있던 동료 교사가 놀라서 물었어요.

"선생님, 무슨 일이에요?"

눈물을 훔치며 겨우 대답했죠.

"인도네시아-한국 교사 교류 프로그램에 선발됐어요."

그 말을 듣자마자 동료는 박수를 치며 축하해줬고, 저는 그 순간 더 펑펑 울어버렸어요. 기쁨과 감사의 눈물이었어요. '알함둘릴라.' 계속해서 신께 감사를 드렸답니다.

사실 넉 달 전, 교육부에서 모집한 이 교류 프로그램에 지원서를 제출했어요. 처음에는 자신감이 없어서 망설였지만, 용기를 내기로 했죠.

"결과가 어떻든 도전해봤다는 게 중요한 거야." 그렇게 스스로를 다독이며 서류를 준비했어요. 감사하게도 우리 학교와 교육청에서도 적극적으로 지원해 주었고요.

서류를 제출한 뒤로는 소식이 없었어요. '역시 안 됐나 보다.' 하고 마음을 내려놓았죠. 그런데 석 달쯤 지나서 1차 서류 합격 소식이 왔어요!

"그래, 아직 끝이 아니야!" 다시 의욕이 솟아올랐어요.

2차 시험 준비 과정은 정말 긴장의 연속이었어요. 영어 시험, 심리 검사, 예술 발표, 영어 인터뷰까지 총 네 가지 시험이 있었어요. 그중에서도 가장 걱정됐던 건 예술 발표였어요.

"과학과 수학은 자신 있는데, 예술? 예술이라니요?"

예술 교과를 맡은 동료 선생님께 상담했더니, "그럼 춤춰봐요! 전통춤 어때요?"

그렇게 저는 생전 처음 자이뽕 춤을 배우게 됐어요. 〈케세르 보종〉이라는 춤이었죠. 매일 4시간씩 연습하면서 온몸이 쑤셨지만, "그래도 해보자!"라는 마음으로 계속 연습을 이어갔어요.

인도네시아 교육부 주최
K-POP 스타일 오디션(?) 체험기

  드디어 심사의 날이 되었어요. 전국 각지에서 모인 32명의 선생님들이 자카르타에 모였죠. 등록을 마치자마자 영어 시험이 바로 시작됐어요.
  문법, 독해, 작문까지 모두 포함된 시험이었는데, 작문이 있다는 건 전혀 예상 못 했어요. 교육과 한국에 관련된 주제를 제한된 시간 안에 써야 했거든요.
  이게 교육관과 한국 문화 이해도를 확인하려는 작문 시험인지, 토익이나 토플처럼 영어 실력을 평가하는 시험인지 헷갈릴 정도였어요.

  시험이 끝나고 나서 개회식이 열렸어요. 원래는 개회식을 먼저 한다고 들었는데 순서가 바뀌었더라고요.
  교육부 담당자가 말하길, 이번 프로그램에 지원한 선생님이 무려 699명이나 되었대요. 그 말을 듣는 순간, '아, 그래서 1차 결과 발표가 그렇게 늦었구나.' 하고 고개를 끄덕였죠.

그분은 앞으로 3일 동안 우리가 어떤 프로그램을 하게 될지도 설명해주셨어요.

둘째 날에는 심리 검사가 있었어요.
언어나 수학 시험이 아니라 성격과 사고방식을 평가하는 시험이었는데, 아침 8시부터 11시까지 이어졌어요.
그리고 그날 오후에는 인터뷰와 예술 공연이 나뉘어 진행됐어요. 저는 인터뷰 순서가 맨 마지막이라 기다리는 시간이 더 긴장되었어요. 다행히 면접이 끝났을 때는 큰 안도감을 느꼈죠.

셋째 날, 마지막 관문인 예술 공연 시간이 왔어요. 다른 참가자들은 정말 잘 준비해왔더라고요. 의상과 소품들이 하나같이 화려했어요. 제 옷은 그에 비해 너무 단출해서 솔직히 좀 위축됐어요.
'괜찮아, 시도한 것만으로도 의미 있어.'라고 스스로를 위로했어요.

예술 공연 시간은 총 35분이었고, 발표와 공연을 함께 해야 했어요. 드디어 제 차례가 되어 방에 들어갔고, 심사위원 두 분이 계셨어요. 한 분은 교육부 담당자, 한 분은 자카르타 국립대학교의 예술 교수님이었죠. 너무 긴장한 나머지 손이 얼음장처럼 차가웠어요.

저는 영어로 자기소개를 시작했어요.

2023 IKTE 선발 프로그램에 참여한 참가자들의 화려한 모습

"Hello, my name is Rahayu Sulistiyani."

그리고 이어서 한국어로,

"안녕하세요, 제 이름은 라하유 술리스티야니입니다."

심사위원들이 조금 놀란 표정을 지으셨어요. 영어와 한국어를 모두 사용한 발표였으니까요.

2020년부터 취미로 배우기 시작한 한국어가 이렇게 유용하게 쓰일 줄은 몰랐어요.

진짜, 배운 건 언젠가 다 쓰일 날이 오더라고요. 공부는 배신하지 않는다!

발표가 끝난 뒤에는 자이뽕 춤 〈케세르 보종〉을 선보였어요. 이 춤은 순다족 여성들의 기상을 표현한 전통춤이에요. 열정적이고 강인하고, 우아하고 민첩한 그런 정신이 담겨 있죠.

그렇게 30분이 지나고, 드디어 모든 과정이 끝났어요. 정신적, 육체적으로 정말 힘든 3일이었지만, '아무것도 잃을 게 없어. 최선을 다했잖아.' 그런 마음으로 결과를 기다렸죠.

인도네시아-한국 교사 교류 교사 선발 과정 참여 교사들과 심사위원들

그리고 일주일 후, 저는 최종 합격자 8명 중 한 명이 되었어요. 이제 진짜 여정이 시작된 거예요. 나중에 이 이야기를 들은 이창근 선생님은 웃으면서 이렇게 말했어요.

"이건 뭐, 프로듀스101 K-POP 걸그룹 오디션 프로그램 급 선발 과정인데요?"

그 말에 저도 웃었죠. 그러고 보니 정말, 교사로서의 진심과 끼(!)를 모두 보여줘야 하는 무대였거든요.

3

출발 전, 설렘과 준비의 시간

고등학교 때부터 저는 한국 드라마를 참 좋아했어요. 그 속에 담긴 문화, 예절, 음식, 그리고 아름다운 풍경까지, 모든 것이 멋져 보였거든요. 한국을 좋아하는 사람이라면 누구나 한 번쯤은 '진짜 한국 땅을 밟아보고 싶다'라는 꿈을 꾸잖아요?

저도 그랬어요. 그래서 2019년에 1년 동안 돈을 열심히 모아서 배낭여행을 떠났어요. 그건 저 자신에게 주는 보상이었어요. 정말 인생 최고의 여행이었죠. 그때 이후로 한국에 더 빠져들었고, 다시 꼭 가고 싶다고 생각했어요. 그래서 한국어도 배우기 시작했어요. 다음에 가게 되면 간판도 읽고, 현지 사람들과도 이야기할 수 있도록요.

그런데 정말 뜻밖에도, 다시 한국에 갈 수 있는 기회가 찾아왔어요. 한국 배낭여행 4년 후, 저는 다시 한국 땅을 밟게 되었어요. 하지만 이번에는 여행자가 아니라, 교사 교류 프로그램 참가자로서, 그리고 3개월 동안 한국에서 수업을 할 선생님이라는 새로운 역할로요.

출국 전엔 준비할 것들이 참 많았어요. 참가자들이 모두 모이는 단체 채팅방이 만들어졌고, Zoom 회의도 자주 열렸어요. 그 과정에서 저는 또 하나의 새로운 가족을 만나게 되었어요. 바로 IKTE 2023 가족이에요. 보고르에서 온 아멜 선생님, 수카부미의 미라 선생님, 치마히의 얀띠 선생님, 스마랑의 도니 선생님, 바땅의 아리 선생님, 보보짜리의 락흐미 선생님, 그리고 수라바야의 우스와툰 선생님까지요.

각각의 교사들은 담당 학급 단계에 따라 짝을 지어 배정되었어요. 저는 도니 선생님과 함께 초등학교로 가게 되었고요. 아멜 선생님과 우스와 선생님은 중학교로, 아리 선생님과 락흐미 선생님은 고등학교로, 그리고 미라 선생님과 얀띠 선생님은 직업 고등학교에 배정되었어요.

어느 날 갑자기 단체방에 공지가 하나 올라왔어요. 바로 호스트 학교 발표였어요! 순간 설렘과 긴장이 한꺼번에 밀려왔어요.
저와 도니 선생님이 배정된 학교는 전북 특별자치도에 위치한 전라초등학교였어요. 안내문에는 학교 주소, 연락처, 홈페이지, 학생 수, 교사 수, 다문화 교육 활동 이력, 그리고 인도네시아 교사가 맡게 될 과목까지 자세히 소개되어 있었어요. 교장 선생님, 교감 선생님, 멘토 선생님의 이름과 연락처도 함께 포함되어 있었어요.

저는 곧장 전라초등학교 홈페이지에 들어가 봤어요. 메인 화면에 학교 전경 사진이 딱!

"와~ 학교 진짜 멋지다."

운동장도 크고, 본관 건물도 웅장하고, 체육관까지 완비되어 있었어요.

그리고 가장 놀라웠던 건, 그 학교가 바로 제가 늘 가고 싶어 했던 도시, 전주에 있다는 거였어요! 2019년 한국 여행 때는 서울 근교만 다녀왔는데, 그때부터 전주, 경주, 부산, 제주처럼 한국의 아름다운 도시들을 꼭 가보고 싶었거든요.

그런데 이렇게 전주에서 3개월을 살게 되다니! 정말 꿈 하나가 또 이뤄진 느낌이었어요.

그리고 저는 바로 멘토 선생님께 이메일을 보냈어요. 멘토 선생님은 우리가 한국에서 지내는 동안 우리를 안내해주실 분이죠. 제 멘토 선생님의 이름은 이창근 선생님이셨어요. 짧은 한국어 실력으로 열심히 인사 메일을 쓰고, 제 번호도 같이 남겼어요.

그리고 얼마 지나지 않아 왓츠앱에 메시지가 도착했어요. 바로 이창근 선생님에게서였어요!

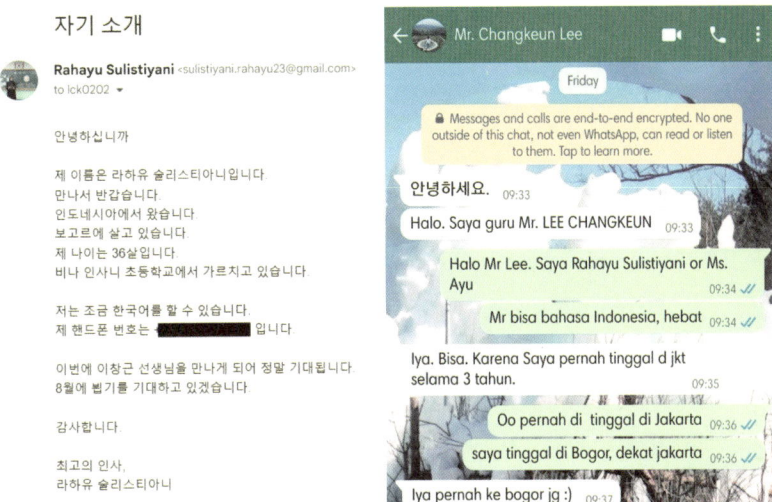

내가 보낸 자기소개 이메일과 답장으로 온 이창근 선생님의 왓츠앱 메시지

그런데 더 놀라운 건 멘토 선생님이 인도네시아어를 하셨어요!

전 열심히 한국어로 메일을 썼는데, 선생님은 인니어를 하시더라고요.

그 순간, 마음이 놓였어요. 이창근 선생님은 인도네시아에서 3년이나 살았던 경험이 있으시고, 무슬림 문화에 대해서도 잘 알고 계셨어요. 그래서 정말 원활한 소통이 가능할 거라고 느꼈어요.

그렇게 첫 연락을 주고받은 후, 멘토 선생님께서는 저와 도니 선생님에게 줌(Zoom) 미팅을 제안하셨어요. 직접 인사를 나누고, 전라초등학교에서의 수업 준비에 대해 이야기 나누는 자리였어요. 그 자리엔 교장 선생님과 다른 선생님들까지 함께 참석해 주셨어요. 진심으로 환영해 주신다는 느낌이 들어서 정말 따뜻했어요.

　멘토 선생님께서는 학교 소개와 함께, 우리가 머물게 될 숙소까지 보여주셨어요. 두 건물에 저와 도니 선생님의 숙소가 각각 있었어요. 그때 정말 감동했어요. 이미 학교 선생님들께서 우리를 위해 많은 준비를 해두셨더라고요.
　회의 후반부에는 전라초등학교에서 이 교류 프로그램을 통해 기대하는 바도 이야기해 주셨고, 저희가 준비한 수업안도 공유했어요. 그 미팅 이후, 도니 선생님과 저는 한국에서 우리가 어떤 역할을 하게 될지 훨씬 더 또렷하게 그려볼 수 있었어요.

　그리고 빼놓을 수 없는 마지막 준비! 바로 비자죠. 한국 비자는 정말 꼼꼼하게 심사하잖아요.
　2019년 제 경험으로도, 비자 거절된 사람이 꽤 있었거든요. 그래서 이번에는 모든 서류를 완벽하게 준비했어요. 감사하게도, 우리 전원 비자가 발급되었고,

　"이제 진짜 갑니다, 한국으로!"

드디어 출발!
한국아, 간다!

드디어 그날이 왔어요.

이제 정말 인도네시아-한국 교사 교류 프로그램(IKTE) 참가자들이 한국으로 떠나는 날이 온 거죠.

출국에 앞서 우리는 인도네시아 교육문화부 산하 교사인사국에서 주관한 출국 전 연수를 받았어요. 이 연수는 한국에서 생활하고 수업할 준비를 돕기 위한 프로그램이었어요.

여기엔 한국에 대한 기본 소개, 교육 제도 이해, 졸업생들의 경험 공유, 그리고 기초 한국어 수업까지 포함되어 있었죠.

그런데 정말 신기하게도, 이 연수 일정에 맞춰 제 멘토 선생님인 이창근 선생님이 인도네시아에 방문하셨어요. 전라초등학교 학생들의 국제교류 프로젝트로 인도네시아 방문을 준비하는 사전 답사 중이었거든요. 그 덕분에, 우리는 연수 중 저녁에 멘토 선생님인 이창근 선생님을 만날 수 있었어요.

선생님은 IKTE 참가자 전체 앞에서 인사하셨어요. 우리 인도네시아 선생님들은 처음엔 영어로 인사했는데, 이창근 선생님은 유창한 인도네시아어로 대답하셨어요.

모두가 깜짝 놀랐죠. "엇? 선생님, 진짜 인니어 잘하시네요?!"

사실 저도 놀랐어요. 이렇게나 다정하고 유쾌한 멘토 선생님이라니! 그만큼 선생님과의 첫 만남은 정말 편하고 즐거웠어요.

연수가 끝나고, 우리는 공항으로 향했어요. 출발을 앞두고 설렘도 컸지만, 가족과 떨어져야 한다는 생각에 살짝 눈물도 났어요.

우리를 한국으로 데려다줄 비행기는 KOREAN AIR, 대한항공이었어요. 제가 늘 TV 광고에서 보던 바로 그 항공사예요! 정말 꿈만 같았어요. 비행기 안에서 지난 몇 달간의 준비 과정을 떠올렸어요.

"아, 고생 많았다. 이건 그저 운만으로 이뤄진 게 아니야. 간절한 마음과 치열한 준비, 그리고 타이밍까지 모두 어우러졌기에 가능했지."

밤 비행기였기 때문에 대부분의 시간을 자면서 보냈어요. 그리고 아침이 되자, 마침내 우리가 도착한 곳은 바로 인천국제공항! 세계 최고 수준의 공항이라고 소문난 그곳이었어요.

인천공항에 막 도착한 우리의 모습

공항에서는 유네스코 아태교육원(APCEIU)의 송 선생님과 팀원분들이 우리를 따뜻하게 맞이해주셨어요.

"진짜 이제 한국 땅 밟았구나!"

그 순간 저는 감격에 벅차서, 한동안 말이 나오지 않았어요.

그 후 우리는 태국에서 온 교사 교류 참가자들을 기다려 함께 서울에 있는 호텔로 이동했어요. 호텔로 가는 길, 저는 참 많은 생각이 들었어요. "정말 다시 한국에 왔구나. 다시 이 공기를 마시고 있구나." 감격스럽고, 또 한편으로는 감사한 마음이 들었어요.

서울에서는 현지 적응 연수를 4일간 받았어요. 아태교육원에서 준비해

주신 이 연수는 한국 생활과 수업 준비에 꼭 필요한 정보를 담고 있었고, 하나하나가 정말 유익했어요. 수업뿐 아니라 문화 체험도 있었는데요, 남산타워 방문은 잊을 수 없는 추억이 되었어요.

마지막 날에는 폐회식과 함께 환영식이 열렸어요. 한국 호스트 학교 측의 교장 선생님들과 담당 선생님들, 그리고 각국의 대사관 관계자들도 참여하셨어요. 환영식에서 우리는 인도네시아 전통 무용과 현대 무용, K-POP을 섞은 퍼포먼스를 선보였고, 마지막에는 〈Rayuan Pulau Kelapa(라유안 풀라우 끌라빠)〉라는 인도네시아 곡을 불렀어요. 그 순간 제 목소리는 떨렸고, 눈물이 날 뻔했어요.

주한인도네시아 대사관의 고곳 담당관님과 전라초등학교 교장 선생님과 강 선생님

그렇게 아태교육원에서의 일정이 모두 끝난 뒤, 저는 전주로 향했어요.

한국의 고속열차인 KTX를 처음 타봤는데, '이건 거의 날아다니는 기차야!'라고 느껴질 정도로 빠르고 조용했어요. 서울에서 전주까지는 약 2시간 정도 걸렸고, 기차 창밖으로 보이는 풍경은 그야말로 한 폭의 그림 같았어요.

전주는 제가 앞으로 3개월간 살아갈 도시. 그곳에서의 생활은 또 어떤 이야기를 만들어줄까요?

드라마 화면 밖 한국,
진짜 한국을 살다

전주에 도착하자마자 우리를 맞이한 건 한여름의 후끈한 공기였어요. 도시는 예쁜 카페와 가게들로 가득했고, 그 거리 풍경만으로도 설렘이 느껴졌어요. 교장 선생님 차를 타고 도착한 곳은 제가 머물게 될 '루미에르 아파트'였어요. 금암동 메인 도로에 위치해 있었고, 건물 바로 앞엔 버스 정류장이 있어서 교통도 무척 편리했어요. 편의점, 카페, 빵집까지 다 모여 있는 동네였고, 시외버스 터미널도 걸어서 5분 거리였죠.

전북대학교도 근처에 있어서 유학생이나 영어를 할 수 있는 사람들도 많았어요. 그래서 멘토 선생님께서 학교 근처가 아니라 이 동네를 선택하셨다고 해요. 혹시라도 어려운 일이 생기면, 우리끼리 해결하기 쉬우니까요. 정말 세심하게 배려해 주신 거였어요. 우리가 미처 생각지 못한 부분까지 다 준비되어 있었어요.

내가 생각하지 못하는 여러 요소들까지 고려하여 준비된 숙소의 겉모습

    교장 선생님은 제 짐을 들어서 A동까지 함께 가주셨고, 재섭 선생님은 도니 선생님을 B동으로 안내하셨어요. 남성과 여성 건물이 구분되어 있었거든요. 제 방은 5층이었는데 다행히 엘리베이터가 있어서, 27kg 캐리어를 들고 계단을 오르는 끔찍한 상상은 하지 않아도 되었어요.
    '오, 감사합니다!'를 마음속으로 세 번 외쳤어요.

    방은 작지만 아늑했어요. 에어컨도 있고 바닥 난방도 되고요. 왼편엔 하늘색 이불이 덮인 침대, 오른편엔 책상과 TV가 있었고, 양옆에는 키 큰 옷장이 두 개 있었어요. 앞쪽에는 유리문으로 구분된 주방이 있었고, 전기레인지, 싱크대, 전자레인지, 양문형 냉장고까지 필요한 게 다 갖춰져 있었어요.

 욕실에는 세탁기와 세면대, 거울, 샤워 공간까지 모두 깔끔하게 정돈되어 있었고요. 정말 감사한 마음이 절로 들었어요. '이 정도면 거의 호텔 아닐까?' 하는 생각도 했어요.

 짐을 풀고 한숨 돌릴까 했는데, 갑자기 강 선생님께서 도니 선생님과 함께 나타나셨어요. "라하유 선생님, 아래층으로 내려가실까요? 분리수거하는 방법을 알려드릴게요." 쓰레기 버리는 법까지 직접 알려주시다니, 한국 생활이 정말 본격적으로 시작되는 느낌이었어요.

 1층 왼편엔 분리수거장이 있었고, 강 선생님은 플라스틱병과 포장지처럼 같은 재질도 구분해야 한다는 걸 설명해 주셨어요. 음식물 쓰레기는 전용 통에 버려야 하고, 쓰레기봉투도 지정된 곳에서 판매하는 걸 써야 했어요. 한 장에 500원 정도, 인도네시아 돈으로는 약 6,000루피아 정도였어요. 쓰레기봉투치곤 꽤 비싸다고 느꼈지만, 그 비용이 쓰레기 처리에 쓰인다는 설명을 듣고는 고개가 끄덕여졌어요.

 한국의 쓰레기 분리 시스템은 굉장히 잘 되어 있었어요. 정부 차원에서 꾸준히 홍보하고, 교육도 학교에서 어릴 때부터 이루어지며, 가정에서도 실천이 이어지는 구조였어요. 그래서인지 효과도 큰 것 같았어요.

 살면서 알게 된 또 한 가지는, 밖에서 공용 쓰레기통을 찾는 게 정말 어렵다는 거였어요. 길거리에서 간식이나 음료를 사 먹으면 대부분 쓰레기는 가방에 넣어서 다녔어요. 멘토 선생님께 여쭤보니, 이건 각자 자신의 쓰레기에 책임을 지게 하려는 의도라고 하셨어요.

한국에서의 생활이 시작될 때, 제 마음은 말 그대로 설렘 그 자체였어요. 오랜 시간 K-드라마를 좋아해 왔던 저는, 화면 속에서 보았던 아름다운 풍경, 맛있는 음식, 드라마 촬영지, 그리고 한국만의 독특한 일상들을 직접 경험해 보고 싶다는 꿈을 늘 가지고 있었거든요. 그런 저에게 3개월 동안 한국에서 살아볼 기회가 생기다니! 이건 정말 꿈이 이루어지는 기분이었어요. 마치 제 버킷리스트를 하나하나 체크해 가는 느낌이랄까요?

제가 머물렀던 곳은 바로 전주예요. 전주는 전통문화와 현대적 감성이 조화롭게 어우러진 아름다운 도시였어요. 한옥마을, 경기전, 전동성당, 덕진공원 등 이름만 들어도 가슴이 뛰는 명소들이 가득했죠.

그중에서도 한옥마을은 전주를 대표하는 명소예요. 전통 가옥인 '한옥'들이 줄지어 있고, 그중 몇몇은 전통 게스트하우스로 운영되어 실제로 그 공간에서 묵을 수도 있어요. 골목골목엔 문화센터와 박물관, 전통 공연장이 자리하고 있어서 하루 종일 걸어 다녀도 지루할 틈이 없었어요.

특히 마음에 들었던 건, 전통 한복을 대여해서 직접 입어볼 수 있다는 점이에요! 한복을 입고 한옥마을을 걷다 보면, 진짜 드라마 속 주인공이 된 듯한 기분이 들었어요. 햇살이 비치는 골목을 걷는 순간마다, 제가 지금 어디선가 카메라에 찍히고 있는 건 아닐까 싶었답니다.

사진 사람답게 한옥마을에서 찰칵!

한옥마을 안에는 경기전이라는 아름다운 공간이 있어요. 조선왕조의 시조인 태조 이성계를 기리기 위해 세워진 이곳은, 고요하고 평화로운 분위기 속에서 한국 전통 건축의 멋을 제대로 느낄 수 있는 공간이에요. 안으로 들어가면 태조 이성계의 어진(초상화)과 함께 조선 시대의 삶과 역사를 엿볼 수 있는 유물들도 전시되어 있어요.

무엇보다도, 한복을 입고 경기전 안을 걸어 다닐 때는 정말 시간이 멈춘 것 같은 기분이 들었어요. '내가 지금 사극 속에 들어온 건가?' 하는 착각이 들 정도였죠. 그 순간만큼은 제가 그토록 좋아했던 드라마 속 인물이 된 것 같았고, 잠깐이지만 진짜 조선 시대를 살아보는 듯한 느낌이었어요. "레디…. 액션!" 소리가 어디선가 들려올 것 같았달까요?

제가 정말 좋아하는 또 다른 장소는 바로 덕진공원이에요. 처음에는 멘토 선생님이신 이창근 선생님께서 저희를 데리고 가주셨어요. 덕진공원은 넓은 연못에 연꽃이 가득 피어 있는, 정말 그림 같은 공원이었어요.

그런데 이 공원을 더 특별하게 만들어 준 건, 바로 연못 옆에 우아하게 서 있는 연화정 도서관이었어요. 전통 한옥 스타일의 이 도서관은 그 조용하고 평화로운 풍경 속에서 너무도 자연스럽게 어우러졌어요. 처음 그 모습을 봤을 때, '이건 말로 표현이 안 된다.' 싶은 감탄이 절로 나왔어요.

경기전에서 입어본 왕실 전통 의상, 그리고 연화정 도서관

또 하나 정말 특별했던 경험은, 제가 정말 좋아하는 인생 드라마 〈스물다섯 스물하나〉의 촬영지를 직접 찾아간 일이었어요. 촬영지가 전주라는 걸 처음 알았을 땐, 정말 심장이 두근두근했어요. 그 드라마를 얼마나 좋아하는지 제 친구들이 모두 알 정도로 저는 이 드라마의 광팬입니다.

전주에 머무는 동안, 드라마 속 장면과 제가 실제로 걷는 길이 겹쳐질 때면, 문득 걸음을 멈추고 주변을 둘러보곤 했어요. '혹시 지금 내가 드라마 속 주인공처럼 살고 있는 건 아닐까?' 싶을 정도로 모든 것이 특별하고 꿈같았어요.

그중에서도 가장 인상 깊었던 곳은 한벽터널이었어요. 주인공들의 감정이 깊어졌던 바로 그 장소에서, 멘토 선생님이 제게 특별한 선물을 하나 주셨어요. 바로 〈스물다섯 스물하나〉의 OST인 〈Starlight〉가 흐르는 가운데 제가 터널을 걷는 모습을 영상으로 찍어주신 거예요.

그 영상을 처음 봤을 때, 화면 속의 '저'는 정말 드라마 속 주인공 같았어요. 그 순간 제가 느꼈던 두근거림은, 어떤 말로도 다 표현할 수 없었어요. 마치 스크린 속 장면이 밖으로 나와 현실이 된 것 같았고, 그 안에 있는 제가 믿기지 않았답니다. 전주의 하루가 그렇게, 제 인생의 한 장면처럼 남았어요.

드라마 주인공 나희도의 집 앞, 그리고 드라마의 마지막 장면에 나온 한벽터널

전주에서 제가 좋아하게 된 또 다른 장소는 바로 도서관이었어요. 사실 처음부터 도서관에 가볼 생각은 없었어요. '관광도 바쁜데 무슨 도서관이야.' 싶었거든요. 그런데 연화정 도서관을 다녀온 후, 왠지 더 알고 싶어졌어요. 그래서 전주의 다른 도서관들도 찾아보기 시작했어요.

그중 하나가 꽃심 도서관이었는데, 이창근 선생님께서 직접 저희를 데리고 가주셨어요. 연화정 도서관이 전통적인 느낌이었다면, 꽃심 도서관은 넓고 현대적인 분위기였어요. 도서관 안에 들어서자마자 저는 감탄이 절로 나왔어요. '도서관이 이렇게 예쁠 수 있구나.' 싶었죠. 책도 정말 다양하게 잘 갖춰져 있었고, 아이들을 위한 전용 공간도 따로 마련되어 있었어요.

그중에서도 가장 인상 깊었던 건, 이 도서관이 주말에도 북적북적하다는 점이었어요. 단순히 학생들만 오는 게 아니라, 가족 단위 방문객이나 어르신들도 함께 책을 읽거나 시간을 보내고 계셨거든요. '아, 여긴 진짜 살아 있는 공간이구나.' 하는 생각이 들었어요.

그 이후로는 저도 혼자서 인후 도서관, 금암 도서관 같은 다른 도서관들도 찾아다니기 시작했어요. 틈날 때마다 가서 책을 읽거나 아태교육원 과제도 하고, 조용한 분위기 속에서 저만의 시간을 보내는 게 어느새 일상이 되었답니다.

도서관에 가는 일이 이렇게 저를 행복하고 평온하게 만들 줄은 정말 몰랐어요. 조용한 공간에 앉아 책장을 넘기다 보면, 어느새 제 마음속 깊은 곳에 있던 미래의 꿈들을 하나씩 꺼내어 바라보게 되었어요.

처음엔 정말 우연히 시작된 방문이었는데, 점점 저만의 따뜻한 일상이 되었어요. 작지만, 저에게는 정말 의미 있는 루틴이었죠. 한국에서의 시간 속에서, 도서관은 제게 조용한 쉼터이자, 조용히 나 자신을 만나는 공간이 되어주었어요.

내가 전주를 그리워하는 장면 중 하나, 금암 도서관 옥상에서 바라본 전주의 풍경

전주에서의 생활만으로도 충분히 행복했지만, 감사하게도 한국 곳곳을 여행할 기회도 있었어요. 어떤 날은 멘토 선생님과 함께, 또 어떤 날은 교류 프로그램에 참여한 다른 선생님들과 함께, 때로는 용기를 내어 혼자서 다녀온 여행도 있었어요.

제가 처음 방문한 도시는 군산이었어요. 항구 도시인 이곳은 일제강점기의 흔적이 곳곳에 남아 있어서, 그 시절의 역사를 생각하게 하는 장소였어요. 그리고 완주군은 조용하고 평화로운 시골 풍경이 펼쳐진, 마음이 차분해지는 곳이었어요.

정읍과 대전에서는 정말 아름다운 자연을 만났어요. 특히 내장산과 장태산 자연휴양림에서의 풍경은 숨이 멎을 듯했어요. 자연이 주는 위로와 감동을 온몸으로 느꼈답니다.

익산에서는 고대 백제의 웅장한 유산과 불교 문화를 체험할 수 있었어요. 미륵사지와 왕궁리 유적에서 시간의 흐름 속에서 묵묵히 자리를 지켜온 역사와 마주했을 때, 마음이 참 경건해졌어요.

경주는 정말 잊을 수 없는 도시였어요. 신라의 고도답게 도시 전체가 살아 있는 박물관 같았어요. 골목 하나, 돌담 하나까지도 긴 역사를 품고 있는 느낌이었지요.

포항은 산업 도시로서의 생동감이 느껴졌고, 부산에서는 바다와 전통시장, 사찰, 그리고 도시의 활기까지 모두 만날 수 있었어요. 정말 다양한 얼굴을 가진 도시였어요.

담양에서는 유명한 메타세쿼이아 길을 걸었는데, 하늘 높이 뻗은 나무들이 양옆으로 늘어선 길을 따라 걷다 보니, 마치 다른 세상에 들어온 듯한 기분이 들었어요.

그리고 광주는 규모가 큰 도시답게 현대적인 에너지와 깊이 있는 문화가 공존하는 곳이었어요. 전통과 현대가 균형을 이루며 살아 숨 쉬는 도시였다고 할까요?

대한민국의 곳곳을 누비다

한국에 머무는 동안 제가 방문했던 모든 장소들은 저마다 다른 인상을 남겨주었어요. 조용하고 평화로운 시골부터 활기찬 도시까지, 각 도시는 저마다의 이야기를 들려주었고, 저만의 추억을 만들어주었어요. 이렇게 짧은 시간 동안 이렇게나 많은 곳을 보고, 느끼고, 경험하게 될 줄은 정말 상상도 못 했어요.

가끔은 아직도 믿기지 않아요. 책에서만 보던 역사 유적지를 실제로 걸어보고, 드라마 속에서만 보던 장면의 장소에 제가 직접 서 있었던 순간들이요. 그곳들은 단순히 제 사진첩에 몇 장의 사진을 더한 것이 아니라, 제 마음속 깊은 곳에 오래 남을 따뜻한 기억들을 남겨주었어요. 그래서 저는 이 모든 경험에 진심으로 감사한 마음이에요.

또 하나 빼놓을 수 없는 건, 한국에서 맛본 수많은 음식들이에요. 2019년 첫 한국 여행 때는 떡볶이, 어묵, 삼계탕, 짜장면, 불고기 정도만 먹어봤는데, 이번에는 정말 훨씬 더 다양한 한국 음식을 접할 수 있었어요. 멘토 선생님, 교장 선생님, 그리고 여러 한국 선생님들께서 저를 식사 자리에 자주 초대해 주셨고, 그때마다 진심 어린 환대가 느껴졌어요.

특히 제가 무슬림이라는 점을 배려해주셨던 것이 참 감동이었어요. 먹을 수 없는 음식이나 음료를 이해해주시고, 항상 무슬림 친화적인 메뉴를 함께 고민해 주셨거든요. 덕분에 한국의 맛을 마음 편히, 그리고 진심으로 즐길 수 있었어요.

전주 대표 음식인 비빔밥은 다양한 채소와 고소한 고추장이 어우러져 제 입맛에 딱 맞았고, 생각만 해도 또 배가 고파질 정도였어요. 그리고 늘 드라마에서 보면서 궁금했던 냉면! '얼음이 들어간 국수라니 정말 괜찮을까?' 했지만, 첫입을 먹고 바로 반해버렸답니다. 이제는 여름이면 꼭 생각날 음식이 되었어요.

물론 조금 더 도전적인 음식들도 있었어요. 그중 하나는 산낙지였는데요, 접시 위에서 꿈틀거리는 낙지를 보며 잠깐 겁이 나기도 했지만, 용기 내서 먹어본 그 경험은 지금도 생생해요. 그리고 아마 제 인생에서 가장 '특별한 도전'이었던 음식은 바로 번데기였어요. 처음 향을 맡았을 때는 잠시 멈칫했지만, '이것도 문화의 일부니까!' 하며 시도해봤죠. 한마디로 용감한 자만이 아는 맛이었어요!

한국의 음식들도 이제는 추억 속으로

한국에서의 생활을 통해 얻은 또 하나의 좋은 습관은 '걷기'였어요. 한국 사람들은 지하철이나 버스 같은 대중교통을 자주 이용하지만, 전주는 지하철이 없는 도시라 저는 주로 버스를 탔어요. 정류장이 정해져 있으니까, 어디를 가든 자연스럽게 걷게 되더라고요.

버스 요금은 보통 1,300원에서 1,500원 정도였고, 무엇보다 인도도 잘 정비되어 있어서 걷는 것이 전혀 불편하지 않았어요. 덕분에 학교에서 아파트까지 2.5km 거리도 가볍게 걸어 다닐 수 있었죠.

인도네시아였다면 바로 오토바이 택시를 불렀을지도 모르지만, 여기서는 걷는 것이 오히려 즐거웠어요. 공기도 맑고 풍경도 좋고, 무엇보다 교통비도 아낄 수 있으니까요!

식생활 면에서도 균형 잡힌 식단이 인상 깊었어요. 한국 식사는 메인 메뉴 외에도 다양한 반찬(반찬은 리필 가능!)이 함께 나오는데, 채소도 풍부하고 영양 구성이 아주 잘 되어 있었어요. 대부분은 직접 요리해 먹었고, 학교 급식실에서도 할랄 메뉴가 있을 땐 종종 식사를 했어요.

다만, 한국의 식료품 물가는 인도네시아에 비해 다섯 배에서 여섯 배까지 차이 나서, 처음엔 꽤 놀랐어요. 물론 최저임금 수준도 다르니 이해는 되었지만요. 그래서 꼭 필요한 재료만 사고, 외식은 특별한 날이나 초대를 받을 때만 했어요. 그렇게 생활비를 조절하면서, 점점 한국에서의 삶에 익숙해져 갔어요.

한국에서 만난
소중한 인연들

한국에서의 생활은 정말 많은 인연을 만들어주었어요. 저는 한국에서 머무는 동안 정말 다정하고 따뜻한 분들을 많이 만났고, 그분들은 어느새 저의 '한국 가족'이 되어주었어요.

가장 먼저 소개하고 싶은 분은 저의 멘토 선생님, 이창근 선생님이에요. 저는 그냥 미스터 리라고 불러요. 그는 정말 친절하고 열정적인 사람입니다. 학교 관련된 일부터 한국 생활의 팁, 주말에 할 수 있는 활동 추천까지 모든 걸 도와주셨어요. 그리고 무엇보다 놀라웠던 건, 이 선생님은 사람들을 연결하는 걸 정말 좋아하세요.

그래서 저는 이 선생님의 친구들, 국제교류 수업을 하는 다른 선생님들, 전북교육청의 여러 교사 그룹, APEC 국제 교육 협력원의 알콥(ALCoB) 커뮤니티 선생님들, 심지어 교수님들까지 소개받았어요. 선생님 덕분에 제가 인도네시아에 있었으면 절대 못 만났을 넓은 인맥을 얻게 되었죠.

그리고 이 선생님은 정말 열정적인 교사예요. 어떤 일을 하든 1,000%의 노력을 다하고, 작은 디테일까지 꼼꼼하게 챙기시는 분이에요. 저에게는 '이런 선생님이 되고 싶다.' 하는 롤모델이 되어주셨어요.

두 번째로 소중한 분은 교장 선생님이신 이경옥 선생님이에요. 항상 웃음을 머금고 계시고, 정말 부드럽고 따뜻한 분이셨어요. 무려 40년 동안 교육계에 계셨고, 교사에서 교장까지 오신 분이죠.

제가 가장 감동받았던 순간은, 교장 선생님께서 제 자취방을 정리해주시다가 이렇게 말씀하셨을 때예요. "아유 선생님, 제가 한국 엄마예요." 그 말을 듣는 순간 뭉클해서 눈물이 날 뻔했어요. 그날 이후로, 정말 엄마처럼 챙겨주셨어요. 식사는 했는지 항상 물어보시고, 가을 초입 쌀쌀한 날씨에 얇은 옷을 입고 학교에 간 저와 도니 선생님을 보시고는 걱정 가득한 얼굴로 "왜 외투 안 입었어요?"라고 하셨어요. 그다음 날, 교장 선생님은 교실로 찾아오셔서 우리 둘에게 따뜻한 옷과 양말을 가져다주셨어요.

영어를 잘하지 않으시는데도, 저랑 대화하려고 계속 노력해주셨던 것도 정말 감사했어요. 말하고 싶은 게 있으면 한국어에 약간의 영어를 섞고, 손짓과 발짓까지 총동원해서 얘기해주셨어요. "아유 쌤, 한국어 배워줘서 고마워요."라고 하셨을 때, 저는 속으로 '한국어 배워두길 정말 잘했구나.' 생각했어요.

전라초등학교의 선생님들과 함께

세 번째로 소개하고 싶은 분은 강재섭 선생님이에요. 그는 저와 도니 선생님을 여러 면에서 도와주셨고, 한국에서의 생활을 더 편하게 해주셨어요. 특히 쓰레기 분리수거 방법을 처음 알려주신 것도 강 선생님이셨어요.

"다하유 선생님, 내려와 보세요. 분리수거하는 법 알려드릴게요." 하시면서 저희를 1층으로 데려가셨죠. 쓰레기를 어떻게 나눠 버려야 하는지, 음식물 쓰레기는 따로 버려야 한다는 점, 그리고 시에서 제공하는 특별 쓰레기봉투를 사용해야 한다는 것까지 친절히 설명해주셨어요. 그때 "플라스틱도 종류별로 따로 버려야 해요"라는 말을 듣고, '와, 한국은 쓰레기 버리는 것도 우리랑 다르구나!' 싶었어요.

강 선생님은 항상 침착하고 차분한 스타일이에요. 말수가 많지는 않지만, 꼭 필요한 순간에는 나타나서 조용히 도와주시는 스타일이에요. 말하자면 '조용한 해결사' 같은 느낌이에요.

    그리고 마지막으로 전라초등학교의 모든 선생님들이에요. 저희가 교직원 회의나 행사에 참석할 때마다 항상 따뜻하게 맞아주시고, 힘들어 보일 땐 "괜찮아요?"하고 먼저 물어봐 주셨어요. 선생님들 덕분에 저는 한국에서도 외롭지 않았고, '이곳이 내 두 번째 집이다.'라는 생각이 들었어요.

2

DUA:
무대는 교실, 대본은 없음, 배움은 진짜

'DUA'는 인도네시아어로 '2'를 의미합니다.

한국 교실 한복판에서 시작된 '진짜 수업'

전라초등학교의 모습

한국 학교로 첫 출근한 날, 제 심장은 마치 마라톤을 뛰는 것처럼 쿵쾅거렸어요. 긴장과 호기심, 설렘이 한꺼번에 밀려왔죠. 3층짜리 본관과 오른쪽에 위치한 체육관, 그리고 그 주변을 둘러싼 높다란 아파트들이 한눈에 들어왔을 때, 마치 인터넷 속 사진이 현실이 된 듯한 기분이 들었습니다.

2 DUA: 무대는 교실, 대본은 없음, 배움은 진짜

그날은 여름방학이 끝나고 선생님들이 출근하는 첫날이었고, 학생들은 다음 날에 등교했어요. 그래서 저와 도니 선생님은 교직원 회의에서 선생님들께만 먼저 인사를 드렸죠. 인사 전에 학교 곳곳을 둘러보며 투어를 했는데요, 정말 놀라웠어요. 일반 교실은 물론, 요리실과 학생회실, 미디어실, 과학실, 도서관, 상담실, 급식실, 그리고 체육관까지 다양한 공간이 마련되어 있었어요. 이것이 한국의 공립학교라니! 놀랐습니다.

인도네시아 학교에서는 흔히 볼 수 없는 공간들이 한국 학교에는 많이 있었어요. 예를 들면 방과 후 수업실, 음악실, 수학체험실 같은 전용 교실들이 따로 마련되어 있었어요. 그중에서도 제일 놀라웠던 건, 선생님들을 위한 휴게 공간이 따로 있다는 점이었어요.

저는 그 공간을 처음 봤을 때, '아, 이건 정말 인도네시아 학교에도 꼭 있었으면 좋겠다.'라는 생각이 들었어요. 교사도 쉬는 시간이 필요하다는 걸, 공간 자체가 조용히 말해주는 느낌이었거든요.

투어를 마친 뒤에는 교직원 회의실로 안내되어, 교장 선생님께서 저희를 한 명씩 소개해 주셨어요. 저도 준비한 짧은 한국어로 자기소개를 했는데, 선생님들께서 박수와 미소로 환영해 주셨어요. 그때의 따뜻한 분위기, 아직도 기억나요.

교장, 교감 선생님과 함께 찍은 출근 첫날 사진

그날, 이창근 선생님께서 앞으로의 일정도 설명해 주셨어요. 처음 2주는 수업 관찰 위주로 보내고, 그 이후부터 인도네시아 문화 수업을 시작한다고 하셨어요. 인도네시아 문화 수업은 저희가 각 학급으로 들어가는 형식이 아니라, 학생들이 '인도네시아 수업실'로 찾아오는 방식이었어요. 학생회실을 문화 수업실로 바꾸고, 그 안에 '인도네시아 코너'도 꾸며졌답니다. 일부 자료는 저희가 가져온 교구였고, 일부는 인도네시아 학교와 진행한 '컬처 박스 교환 프로젝트'의 결과물이었어요.

다음 날은 학생들이 등교하는 첫날이었어요. 학교에 도착하니 몇몇 아이들이 호기심 어린 눈으로 저희를 바라봤어요. 저희는 "안녕하세요!"라고 먼저 인사했고, 학생들도 "안녕하세요!"라며 정중하게 고개를 숙여 인사해 주었어요. 한국 초등학생의 밝고 예의 바른 인사에 정말 감탄이 절로 나왔어요.

그리고 놀라운 경험이 기다리고 있었어요. 저는 학교 운동장이나 강당에서 전교생 앞에서 소개될 줄 알았는데, 방송실에서 전 학급에 방송을 통해 소개되는 방식이었어요. 교장 선생님께서 먼저 새 학기를 축하하는 인사를 하셨고, 그다음에 이창근 선생님께서 "두 명의 인도네시아 선생님이 오셨어요."라고 말씀하시면서 저를 방송에 소개해 주셨어요. 제가 학생들에게 인사하고 소개하는 이 방송은 정말 색다른 경험이었답니다.

방송 소개 외에도, 교문 앞에는 저희를 환영하는 현수막도 걸려 있었어요. 너무나 따뜻하게 맞아주셔서 정말 감사했어요.

처음 2주 동안, 저희는 1학년부터 6학년까지 총 26개 수업을 참관했어요. 그 시간 동안 한국의 수업이 어떻게 이루어지는지, 교육 시스템이 실제로 어떻게 작동하는지를 가까이에서 지켜볼 수 있었어요.

학교 방송을 통해 나를 소개하기, 그리고 우리를 환영하는 현수막

가장 먼저 눈에 들어온 건, 학생들의 집중력이었어요. 선생님이 일일이 주의를 주지 않아도 아이들은 조용히 귀 기울이고, 적극적으로 참여하며, 스스로 잘 통제된 모습을 보여줬어요. 교실 분위기가 전체적으로 안정되어 있었고, 선생님들은 부드럽지만 단호한 말투로 수업을 이끌어 가셨어요. 일관된 루틴과 규칙이 있어서 학생들도 자연스럽게 따라가고 있었지요.

또 하나 인상 깊었던 건, 수업이 아이들의 실제 생활과 연결되어 있다는 점이었어요. 선생님들은 학생들에게 익숙한 상황이나 예시를 활용해서 개념을 설명하셨고, 덕분에 아이들은 더 몰입할 수 있었어요. 단순히 외우는 공부가 아니라, 이해하고 연결하는 배움이 이뤄지고 있었어요.

그리고 한국 교실에서는 기술의 활용도 눈에 띄었어요. 모든 교실에 디지털 TV나 전자칠판이 설치되어 있었고, 학생들이 개인별로 활용할 수 있는 노트북과 같은 디바이스도 준비되어 있었어요! 또한 이 디지털 기기를 활용한 학생 활동 중심 교육 활동들이 수업에 자연스럽게 녹아 있었어요. 기술이 그저 '보조 도구'가 아니라, 수업의 흐름 속에 잘 통합되어 있어서 배움이 더 생생하고, 접근하기 쉬운 모습이었답니다.

참관 수업의 현장

수업 참관이 끝난 뒤, 드디어 저희의 인도네시아 문화 수업이 시작되었어요. 저와 파트너 교사인 도니 선생님은 서로 역할을 나눠가며 함께 수업을 진행했어요. 제가 수업을 진행할 때는 도니 선생님이 발표 자료를 조작하거나 활동 시간에 학생들을 도와주셨고, 반대로 도니 선생님이 수업할 때 제가 옆에서 함께 도왔답니다. 그래서 저희는 학교의 모든 학생들과 직접 만날 수 있었어요.

사실 이 수업을 위해 저희는 인도네시아에서부터 수업안을 준비해 갔어요. 한국 학생들에게 잊지 못할 인도네시아 수업을 선물하고 싶었거든요. 그래서 다양한 교구와 자료들을 챙겼어요. 인도네시아 각 지역의 전통 의상, 미니어처 가믈란, 대나무 피리, 와양 골렉 인형[7], 바틱 도구, 전통춤용 숄, 팽이, 꽁끌락[8], 베켈[9], 인도네시아 관련 보드게임, 종이 공예 재료, 다양한 과자와 요리 수업 재료까지…. 짐의 절반은 거의 수업 준비물이었던 것 같아요.

학생들의 학년 수준에 맞춰 수업 내용도 다르게 구성했어요. 1~3학년 저학년 친구들에게는 놀이와 손을 많이 쓰는 활동을 중심으로 했고, 고학년 친구들에게는 바틱 무늬를 디자인해 그려보거나, 간단한 종이 공예, 요리 수업 등 좀 더 창의적이고 도전적인 활동을 준비했어요.

첫 수업 날, 사실은 이렇게까지 학생들이 열정적으로 반응해줄 줄은 몰랐어요. 아이들은 인도네시아에 대해 정말 큰 흥미를 보였어요. 그런데 재미있는 일이 있었어요. 몇몇 학생들은 인도네시아와 인도를 헷갈려 하면

---

7) 인도네시아 전통 인형
8) 인도네시아 전통 보드게임. 한국으로 치면 윷놀이
9) 인도네시아 전통 놀이. 한국의 공기놀이와 유사

서, "나마스떼~"라고 인사를 하더라고요. 한국어로 인디아가 "인도"이다 보니 생긴 귀여운 오해였죠. 수업이 끝난 후엔 "슬라맛 빠기!", "아빠 까바르?", 그리고 어떤 학생은 "아쌀라무알라이쿰!"이라고 인사해줬어요. 그 순간, 제 마음이 찡하고 따뜻해졌답니다.

학생들을 위한 수업자료는 항상 한국어도 함께 준비했어요

인도네시아 문화를 소개하는 자료 외에도, 저희는 특별히 하나의 보드게임을 제작했어요. 이 게임은 한국 학생들이 인도네시아에 대해 더 즐겁고 자연스럽게 배울 수 있도록 기획한 것이었어요. 보드판은 제가 인도네시아에서 직접 가져왔고, 수업 시간에 이 게임을 소개하자 아이들이 정말 신나서 몰입하며 참여했어요.

놀랍게도 교장 선생님께서도 이 보드게임을 아주 흥미롭게 보시고 "정말 잘 만들었다."라며 긍정적인 피드백을 주셨어요. 그 말을 듣는 순간, 마음속 깊이 뿌듯함과 감사함이 가득 차올랐답니다.

학생들의 뜨거운 반응을 보며 도니 선생님이 멋진 아이디어를 내셨어요. "이 보드게임을 디지털 버전으로 만들어보면 어떨까?" 하는 제안이었죠. 그렇게 해서 저희는 더 많은 사진과 영상 자료를 추가한 디지털 보드게임으로 발전시켜 보았어요. 특히 한국어 나레이션이 들어간 영상도 함께 활용했더니, 아이들이 더 쉽게 이해하고, 더 가까이 인도네시아를 느낄 수 있었어요.

인도네시아 문화 디지털 게임을 하는 학생들의 모습

인도네시아 문화에 대한 관심뿐만 아니라, 아이들은 제 외모에도 관심을 많이 가졌어요. 특히 제가 히잡을 쓰고 있어서 더 궁금했던 것 같아요. 한 아이는 수업 도중 조심스럽게 물어봤어요.

"선생님, 그거 쓰고 있으면 덥지 않아요?"

질문을 듣고 저는 웃으며 고개를 끄덕였어요. 여름이라 충분히 궁금할 수 있겠다 싶었거든요.

또 다른 아이는 "집에서도 그거 써요?"라고 물었고, 가장 웃겼던 질문은 "선생님, 머리카락은 있어요?"였답니다. 귀엽고 순수한 질문들이었어요.

그럴 때마다 저는 아이들에게 이슬람과 히잡, 그리고 왜 제가 그것을 쓰는지 차근차근 설명해주었어요. 아이들은 제 설명을 진지하게 듣고, 서로 다른 문화를 이해하고 존중하는 태도를 보여주었어요. 그 모습이 정말 감동적이었어요.

수업을 할 때 걱정됐던 부분은, 특히 1~2학년 아이들이 과연 내용을 잘 이해할 수 있을까 하는 점이었어요. 발표 자료를 영어와 한국어로 모두 준비하긴 했지만, 혹시나 어려워하지 않을까 걱정이 되었거든요.

그런데 알고 보니, 우리 멘토 선생님인 이창근 선생님께서 이미 그 부분을 생각하고 담임 선생님들과 소통을 하고 계셨더라고요. 담임 선생님들이 아이들이 이해할 수 있도록 적절하게 통역도 해주시고, 상황에 따라 설명도 덧붙여 주셨어요. 그 덕분에 저는 정말 안심하고 수업에 집중할 수 있었어요. 전라초 선생님들의 따뜻한 배려에 큰 도움을 받았습니다.

3개월 동안 진행한 인도네시아 문화 수업은 저에게 정말 특별한 경험이었어요. 인도네시아의 전통 의상, 아름다운 바틱, 재미있는 전통 놀이들을 아이들에게 소개했고, 함께 끌레뽄[10]도 만들어 보고, 종이로 짜는 공예도

하고, 노래도 부르며 즐겁게 배움의 시간을 가졌어요.

인도네시아처럼 문화가 다양하고 풍부한 나라의 이야기를 전한다는 건 결코 쉬운 일은 아니었지만, 창의력과 인내심을 가지고 언어 장벽이라는 큰 도전도 함께 이겨낼 수 있었어요. 그리고 그 과정 하나하나가 저에게는 정말 소중한 추억이 되었답니다.

인도네시아 문화 수업 교실

전라초등학교에서 수업을 하며 가장 놀라웠던 건, 아이들이 다른 문화에 대해 배우는 데 정말 큰 관심을 보였다는 점이었어요. 낯선 것에 거리감을 두기보다는, 오히려 다름을 열린 마음으로 받아들이고, 즐겁게 배워

---

10) 인도네시아 전통 떡 간식

가는 모습이 참 인상 깊었어요.

그리고 무엇보다도 저는 아이들에게서 진심 어린 존중과 따뜻한 애정을 느낄 수 있었어요. 그 사랑이 제게는 큰 힘이 되었고, 이 시간을 더욱 특별하게 만들어 주었답니다.

칠판 너머에서 배운
한국의 문화

교사 교류 프로그램에 참여하면서 저는 단순히 인도네시아 문화를 소개한 것만이 아니라, 한국의 문화와 교육 시스템으로부터도 정말 많은 것을 배웠어요. 그리고 이 배움은 제 삶에도, 제가 속한 교육 환경에도 큰 영향을 주었답니다.

첫 번째로 감동받은 건, 어른에 대한 예의 문화예요.
한국에서 수업하는 동안, 학생들이 선생님께 인사하는 모습은 정말 인상 깊었어요. 멀리서 선생님이 오셔도, 아이들은 허리를 숙이며 "안녕하세요~" 하고 인사했어요. 말할 때도 나이에 맞춰 존댓말을 사용하더라고요. 교사에게는 언제나 공손하고 예의 바른 언어를 사용하는 모습이 너무 멋졌어요. 인도네시아와는 또 다른 예절 문화였어요.

두 번째는 '시간이 금이다.' 정신이 살아 있는 철저한 규칙과 질서 문화예요.

한국에서는 학생이든 선생님이든 모두 약속된 시간과 규칙을 잘 지키는 모습이 인상적이었어요. 등교 시간, 수업 태도, 과제 제출까지. 모든 것이 질서 정연했어요. 선생님들은 책임감을 가지고 학생을 이끌었고, 스스로의 발전을 위해 끊임없이 노력하고 계셨어요. 이 모습이 바로 학생들에게 좋은 본보기가 되어주는 것 같았어요. 그래서일까요? 학생들의 학업 성취도가 높은 건 정말 당연한 결과라는 생각이 들었어요.

세 번째는 '일 중독 아냐?' 싶을 만큼의 열심히 일하는 문화!
한국에서는 '열심히 한다.'라는 말이 그냥 표현이 아니라, 정말 '생활화' 되어 있었어요. 학생들은 과제를 하기 위해 몇 시간이고 집중하고, 선생님들은 수업 준비에 온 정성을 다하셨어요. 이런 근면함은 교육뿐 아니라 한국 사회 전반의 성장 동력이 된다는 걸 느꼈어요.

네 번째는 바로 그 유명한 "빨리빨리" 문화!
처음엔 살짝 당황했어요. "와, 이렇게 빨리 회의하고 바로 실행에 옮긴다고?" 그런데 곧 알게 되었어요. 이건 단순한 '성격이 급한 것'이 아니라 철저한 사전 계획 덕분이라는 것을. 저희 3개월 수업 일정도, 도착하기 전부터 이미 꼼꼼하게 짜여 있었어요. 그래서 현장에서 당황하거나 시간이 낭비되는 일이 없었답니다.

다섯 번째는 환경을 사랑하는 마음이에요.

한국에서는 쓰레기 분리배출이 생활화되어 있었고, 공공장소에서는 쓰레기통이 드물었어요. 그만큼 '내 쓰레기는 내가 책임진다.'라는 의식이 강하다는 뜻이겠죠? 심지어 학생들끼리 누가 더 잘 분리배출했는지 경쟁하는 모습도 봤어요! 정말 멋졌어요.

학생들이 직접 학교의 여러 공간들을 청소하는 것도 인상 깊어요

이러한 한국의 문화(예의, 규칙, 노력, 속도, 환경 의식)는 모두 학생들의 인성과 성장을 위한 훌륭한 자산이 된다고 생각했어요. 이런 가치를 갖춘 학생들은 분명 미래에 강인하고 건강한 시민으로 자라날 거예요.

그래서요, 저 진심으로 한국 교육과 문화의 팬이 되어버렸어요.

전라초 너머, 또 다른 교실에서
마주한 배움들

　전라초등학교 외에도, 저는 여러 학교에 초청을 받아 인도네시아 문화 수업을 했어요. 유치원부터 고등학교까지, 총 여덟 곳 정도에 다녀왔죠. '출장 수업 투어'를 다닌 기분이랄까요? 정말 감사한 기회였어요. 덕분에 더 많은 한국 학생들에게 인도네시아를 소개할 수 있었고, 동시에 한국의 다양한 학교 환경도 직접 체험할 수 있었거든요.

　이 모든 경험은 멘토 선생님 덕분이었어요. 언제나 저희를 위해 열심히 준비해주시고, 새로운 기회를 만들어주셨어요. 선생님, 진심으로 감사해요.

　잊지 못할 기억 중 하나는 완주 지역의 한 초등학교 방문이었어요. 전라초에서 30분 정도 떨어진 곳이었는데, 방문 전 이 선생님이 인도네시아어로 그러셨어요.

　"Kita akan pergi ke sekolah kampung."(시골 학교로 갈 거예요.)
　"Sekolah kampung?"(시골 학교요?)

"Iya. Siswa semuanya adalah hanya kirain 30 aja. Sekolah kecil."(네, 전교생이 30명 정도밖에 안 되는 작은 학교예요.)

인도네시아어로 시골은 깜뿡(Kampung)이라고 합니다. 전 인도네시아의 시골 학교를 떠올렸어요. 작은 건물, 낡은 시설…. 그런데 도착해보니, 입이 떡 벌어졌어요.

"Apakah ini benar-benar sekolah kampung!?"(이게 시골 학교 맞아요!?)

넓은 운동장, 현대적인 건물, 도서관, 과학실, 식당까지 다 있었어요. 게다가 담임 교사 외에 교과 전담 교사도, 특수 교사도 계셨고요. 도시든 시골이든 교육의 질과 기회가 평등하다는 걸 실감했어요.

또 다른 학교는 더 놀라웠어요. 전교생 16명! 교실 하나에 아이가 2명뿐인 반도 있었어요. 그런데 교실에는 VR 기기, AI와 로봇 수업을 위한 공간, 드론 축구장이 있었어요. 이 정도면 학교가 아니라 첨단 연구소 아닌가요?

이런 학교들을 보면서, 한국 교육의 핵심 가치는 '형평성'이라는 걸 느꼈어요. 어느 지역이든, 어느 학교든 학생이 누리는 교육 기회는 비슷했어요. 또 4~5년마다 공립 교사가 학교를 이동하는 제도 덕분에 특정 지역에만 좋은 선생님이 몰리지 않도록 하고 있더라고요.

VR기술을 접목한 교실과 드론 축구장 공간에서 찰칵!

그리고 고등학교 수업을 맡게 되는 날도 있었어요. 솔직히 처음엔 살짝 겁났어요. 왜냐하면 그 학교는 아주 유명한 명문 고등학교였거든요. 학생들도 엄청 똑똑하다고 들었고요. 그래도 용기를 내서 수업을 준비했어요.

이번에는 단순한 문화 소개가 아니라, 한-인도네시아 외교 관계, 경제, 과학기술, 사회 문제 같은 좀 더 깊이 있는 주제를 다루었어요.

수업 전 학생들이 미리 질문을 제출했는데요, 이런 질문이 있었어요.

1. 인도네시아의 국제적 위상은 어떤가요?

2. 인도네시아 경제와 과학기술 분야의 구조와 미래 방향은?

3. 한국과의 경제 협력 전망은 어떤가요?

4. 한국의 저출산 문제에 대해 인도네시아 인구 구조로 어떤 시사점을 줄 수 있나요?

…고등학생 맞죠? 이거 대학 세미나 아니죠?

질문 수준이 정말 높았어요. 그래서 저희도 자료를 열심히 조사하고 정확한 답변을 준비했어요. 덕분에 굉장히 수준 높은 수업이 되었답니다.

이 학교, 상산고등학교는 사립학교였어요. 수학 교육계의 전설, 홍성대

박사님이 설립하신 곳이고요. 기숙사도 있고, 학교 안에 매점까지 있어요. 캠퍼스는 축구장에 트랙, 강당, 기숙사, 교실까지 아주 넓었어요. 딱 도착했을 때, '이거 드라마 〈스카이캐슬〉 촬영지 아냐?' 싶었어요.

수업은 강당에서 진행됐는데, 60~70명 학생들이 노트북과 태블릿을 준비하고 참여했어요. 열정이 대단했어요. 질의응답 시간까지 정말 활발하게 참여했고, 수업 끝나고도 질문하러 오는 학생이 있었어요. 이날은 제 교류 수업 인생에서 가장 인상 깊은 날 중 하나였어요.

상산고등학교에서 진행 인도네시아 특강

수업을 마친 후, 상산고의 아진 선생님의 안내로 학교를 둘러봤어요. 이 학교는 남녀가 다른 학급으로 분반되어 수업을 받고 있었고, 학생들은 밤 9시까지 자율학습을 해요. 고3 학생은 새벽 1~2시까지도 공부한대요.

이 모든 걸 보면서 느낀 건, 한국 학생들의 노력은 단순히 '공부를 잘하기 위한 것'이 아니라, 정말 자기 꿈을 이루기 위한 진지한 자세였다는 거예요.

그리고, 그 꿈을 응원하는 교사들의 헌신이 있었기에 가능한 일이었어요.

덕분에, 저도 더 나은 교사가 되고 싶어졌어요.

아이들의 손을 놓던 날,
잊지 못할 작별 인사

11월 중순이 되자, 공기가 제법 차가워졌어요. 저는 사실 이런 날씨를 정말 좋아해요. 가끔씩 내리는 가을비와, 주황빛 낙엽이 떨어지는 풍경은 마음까지 차분하게 만들어 준답니다. 그렇게 어느덧 3개월간의 교사 교류 프로그램이 끝나가고 있었어요.

마지막 주가 되자 마음이 복잡했어요. 전라초등학교와 작별해야 한다는 슬픔과 동시에 곧 가족을 만날 수 있다는 설렘이 함께 있었어요. 저는 수업 시간마다 밝은 표정을 지으려 애썼어요. 아이들은 정성스럽게 쓴 편지를 건네주었고, 멘토 선생님은 학생들의 메시지가 담긴 배너까지 준비해 주셨어요. 정말 감동 그 자체였어요.

"마지막 날에 송별회가 있어요. 무대에서 하고 싶은 공연이 있다면 준비해보세요."

이 선생님이 말씀하셨어요.

저와 도니 선생님은 뭘 할까 고민하다가, 저는 작별시를 낭송하고 도니 선생님은 한국어 노래를 부르기로 했어요. 그런데 이창근 선생님이 갑자기 그러셨어요.

"그런 거 말고, 그냥…. 당둣 불러요!"

당둣은 인도네시아의 트로트, 또는 뽕짝과 비슷한 대중음악이에요.

네? 당둣요!? 저는 당둣을 한 번도 제대로 불러본 적이 없어요. 심지어 음치에 가까운데요. 그런데 이 선생님이 자주 차 안에서 〈라기 샨틱(Lagi Syantik)〉을 틀어주시던 게 생각나서, 그 곡을 부르기로 했어요. 도니 선생님은 〈멘둥 딴뽀 우단(Mendung Tanpo Udan)〉을 부르기로 했고요.

송별회는 체육관에서 열렸어요. 저는 인도네시아 전통 의상을 입고 나갔어요. 벨벳 끄바야, 빨간 앙킨, 바틱 치마, 그리고 빨간 히잡까지. 아이들이 따뜻하게 인사해줬고, 저는 웃었지만 마음은 무거웠어요. 무대 위에는 영어로 "FAREWELL CEREMONY(송별식)"라는 문구가 적힌 현수막이 있었고, 그 밑에는 "도니 선생님과 아유 선생님, 사랑해요."라는 문장이 있었어요. 태극기와 인도네시아 국기도 함께 걸려 있었죠. 저는 그걸 보는 순간, 벌써 울컥했어요.

1학년부터 6학년까지 모든 학생들이 체육관 바닥에 반별로 줄을 맞춰 앉아 있었어요. 저희는 교장 선생님 옆 가운데 자리에 앉았고, 행사는 세 명의 학생 사회자가 영어와 한국어로 진행했어요.

개회 이후에는 양국의 국가가 울려 퍼졌어요. 외국 땅에서 〈Indonesia Raya〉(인도네시아 국가)를 부르는데, 목이 메었어요. 이어서 교장 선생님의 송별사가 있었고, 아이들은 다양한 공연을 보여줬어요. 칼림바 연주, 줄넘기 쇼, K-POP 댄스, 피아노와 바이올린, 기타 반주에 맞춘 노래까지…. 정말 다채로웠어요.

이후 저희가 준비한 무대 시간이 되었어요. 제가 먼저 나가 〈라기 샨틱(Lagi Syantik)〉을 불렀어요. 부끄러움은 잠시 내려놓고, 마이크를 잡았어요. 그런데 웬일이에요? 아이들이 무대 앞으로 몰려나와 함께 춤을 추기 시작했어요. 그 순간, 체육관은 콘서트장이 되었어요!

이어 도니 선생님의 〈멘둥 딴뽀 우단(Mendung Tanpo Udan)〉 무대가 이어졌고, 아이들은 또 한 번 열광했어요. 전라초등학교는 이제 당듯의 한국 성지로 불러도 될 것 같아요.

모두가 뛰어나온 무대, 저는 선생님 아유가 아니라 이제는 가수 아이유?

행사는 마지막을 향했고 사회자들이 저희를 위한 작별 편지를 낭독했어요. 1학년부터 6학년 학생들이 촬영한 영상편지도 상영됐어요. 그리고 마지막으로 학생들이 인도네시아어와 한국어로 〈드깟 디 하띠(Dekat di Hati)〉를 함께 불러줬어요.

그 순간…. 저는 결국 눈물을 참지 못했어요.

노래 가사가 "자우 디 마따 나문, 드깟 디 하띠(Jauh di mata namun dekat di hati)"라니. 한국어로 말하자면, "우리가 눈에서는 멀어지지만 마음은 가까이 있을 거야."라는 가사예요.

이런 가사라니, 송별식에선 정말 눈물 버튼 아닌가요? 이렇게 따뜻하고 진심 어린 사랑을 받을 줄은 정말 몰랐어요.

눈물이 멈추지 않아요

모든 하루하루가 놀라움의 연속이었고, 저에게는 진짜 '기적의 시간'이었어요. 학생들이 "선생님, 안녕하세요!"하고 인사해주던 순간, 그림을 건네주고, 사탕 하나 나눠주고, 조용히 쪽지를 주던 그 아이들의 마음. 그 모든 게 제 가슴에 오래오래 남았어요.

이제 저는 인도네시아로 돌아가요. 하지만, 그 마음은 이곳에 두고 가는 것 같아요. 오늘 우리가 함께 나눈 이 만남이 언젠가 누군가의 기억 속에서 다시 살아나길 바라요.

전라초등학교, 감사합니다. 사랑해요.

3

TIGA:
교사에서 시작된 교류,
교실로 피어나다

'TIGA'는 인도네시아어로 '3'을 의미합니다.

끝나지 않은 인연,
국제교류 수업으로 새롭게 시작!

한국에서 돌아온 뒤, 저는 다시 인도네시아 교사로서의 일상으로 복귀했어요. 그런데 어찌된 일인지, 이상한 기분이 들기 시작했어요. 바로 '리컬처 쇼크(re-culture shock)'였어요. 시차, 날씨, 음식, 생활 습관, 언어까지…. 모든 것이 다시 적응이 필요했지요. 심지어 가끔은 습관처럼 한국어로 대답하기도 했어요. 한국의 차가운 가을 날씨와 인도네시아의 무더운 열대기후의 차이는 제 몸을 당황하게 했고, 그 결과 한국에선 건강했던 제가 오히려 귀국 직후 일주일 넘게 아프고 말았어요.

교사 교류를 마친 후, 우리에게는 팔로업 계획(Follow-Up Plan)이 있었어요. 한국에서 배운 좋은 점들, GCED(세계시민교육) 소개, 그리고 한국 학교와의 협업 계획 같은 내용이었죠. 이 계획들을 학교, 교육청, 전국 포럼 등에서 나누었고, 온라인 세션이 있는 행사에는 이창근 선생님도 특별 게스트로 초대해서 함께 이야기할 수 있었어요.

그렇게 하나둘 실행하던 중, 뜻밖에도 이 선생님이 국제교류 수업 파트너십을 제안해 주셨어요! 저는 깜짝 놀랐고, 정말 기뻤어요. 선생님께서는 단순히 이메일이나 화상 회의로만 이야기하지 않으셨어요. 겨울 방학 기간을 이용해 자신의 개인 경비로 인도네시아까지 오셔서, 우리 학교를 직접 방문해 주셨어요.

그리고 우리 학교 이사회, 교장 선생님, 교감 선생님 앞에서 어떤 국제교류 수업 프로젝트를 진행하고 싶은지 정말 자세하게 설명해 주셨어요. 처음으로 이 프로젝트를 시도하는 제가 든든하게 시작할 수 있도록 우리 학교까지 방문해준 이 선생님은 제가 한국을 떠난 지금도 역시나 아직도 제 멘토 선생님이었어요!

이 선생님 비나 인사니 방문의 날!

그리고 이건 나중 일이지만 더 놀라웠던 건, 이렇게 시작한 국제교류 수업으로 1년을 뜨겁게 보낸 이듬해에 이창근 선생님이 고산초등학교로 새롭게 이동하셨는데도, 우리 협력은 중단되지 않았다는 점이에요. 학교가 바뀌어도, 우리의 비전과 협력은 그대로였어요. 이 경험을 통해 저는 구조보다 더 중요한 것은 신뢰, 서로에 대한 존중, 그리고 교육에 대한 열정이라는 걸 몸소 깨달았답니다.

비나 인사니 국제교류 수업
동아리 준비 비하인드

 이 선생님의 방문이 끝나고 나서 저는 본격적으로 우리 학교 안에서 국제교류 수업 활동을 함께할 선생님들을 찾기 시작했어요. 니아 선생님, 리라 선생님, 누로힘 선생님이 저의 제안에 흔쾌히 응해주셨어요. 세 분 모두 바쁜 일정에도 시간을 내주시고, 함께 준비해주신 덕분에 정말 든든했어요. 저는 혼자였다면 이 프로젝트를 시작하지 못했을 거예요.

 선생님들과 팀을 꾸린 뒤에는 4, 5학년 학생들을 대상으로 '국제교류 수업 동아리'를 만들기 위한 준비를 시작했어요. 먼저 학생들과 학부모님들을 대상으로 설명회를 열어 이 수업이 어떤 활동인지, 어떤 학생이 참여할 수 있는지를 소개했어요.

 그런데 정말 놀랍게도 학생들의 반응이 기대 이상이었어요! 수많은 아이들이 손을 번쩍 들며 "선생님, 저도 할 수 있어요?"라고 물어봤고, 교실이 순식간에 설렘으로 가득 찼어요. 선발 기준은 영어 실력, 친구들과 잘 어울릴 수 있는 성격, 예술적 소질, 그리고 문화에 대한 호기심이었어요. 여러 종류의 과제 활동과 학생 면담을 거쳐, 총 24명의 학생이 최종 선발되었어요. 이 학생들이 바로 비나 인사니 국제교류 수업 동아리 1기 멤버가 되었죠.

그리고 지금은 2기 동아리를 운영 중인데, 올해는 지원자 학생이 80명이나 있었어요!

동아리 학생 선발 과정 중 하나인 학생 인터뷰 시간

학생 선발 이후, 전라초등학교 선생님들과 첫 번째 교사 간 온라인 회의를 가졌어요. 비나 인사니에서는 4명의 선생님, 전라초에서는 3명의 선생님이 참가하셨어요. 수업 일정, 활동 방식, 공동 프로젝트 내용 등을 상세하게 논의했어요. 문화 교류라는 공통 목표를 향해 두 학교가 서로의 생각을 나누며 준비해 가는 시간이었어요.

또 중요한 일이 하나 더 있었어요. 바로 학부모님들과의 만남이에요. 이 프로그램이 한 해 동안 진행되는 활동이기 때문에, 학부모님들의 이해와 지지가 꼭 필요했어요. 설명회를 통해 국제교류 수업의 취지를 말씀드리자, 많은 부모님들께서 "우리 아이가 이런 수업에 참여할 수 있어서 자랑스럽다."라고 이야기해주셨어요. 어느 학부모님은 "우리 딸이 한국인 친구랑 수업을 하게 된다니, 정말 꿈같아요!"라며 웃으셨어요.

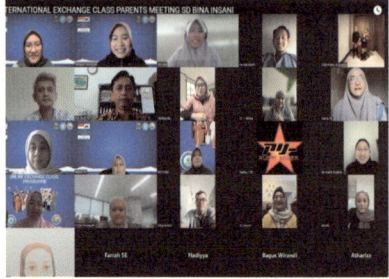

국제교류 수업 선생님들의 첫 만남, 그리고 학부모 설명회 장면

국제교류 수업
동아리의 일상

비나 인사니 국제교류 수업 동아리 활동은 겉으로 보기엔 한 달에 한 번 온라인 수업을 하는 것으로 보이지만, 사실은 그 뒤에 매주 이어지는 준비 수업이 있어요. 온라인 수업을 완성도 있게 만들기 위해, 저희 교사팀은 학생들과 함께 매주 연습하고, 점검하고, 또 연습했어요.

첫 번째 수업의 주제는 '서로를 소개하기'였어요. 학생들이 각자 자기소개를 하고, 서로의 문화를 보여줄 수 있는 문화 공연 영상도 준비했죠. 저희 학생들은 드궁이라는 전통 악기를 소개하고, 〈바하사 순다〉라는 노래를 부르며 무대에 섰어요. 여자 아이들은 끄바야를, 남자 아이들은 빵시라는 전통 의상을 입었고요. 영상을 찍기 전까지 아이들은 정말 열심히 연습했어요. 교사들도 역할을 나눠 학생들을 도와주었고, 하나의 공연을 만들기 위해 모두가 협력했어요. 그야말로 최고의 팀워크였죠!

반면 전라초 친구들은 탈춤 소개 영상과 함께, 〈아리랑〉 노래 부르기,

그리고 K-팝 댄스를 공연 영상으로 준비해 주었어요. 서로 다른 문화의 색깔이 느껴지는 멋진 공연이었어요.

드디어 첫 온라인 수업 당일! 솔직히 말하면, 저는 정말 떨렸어요. 혹시 인터넷이 끊기면 어떡하지? 마이크가 작동하지 않으면? 이런 걱정으로 교사님과 함께 여러 번 리허설을 했어요. 수업 시간은 인도네시아 시간으로 오후 2시, 한국은 오후 4시였어요. 수업을 위해 한국 학생들이 방과 후에 학교에 남아 수업에 참여했다는 이야기를 듣고 정말 고마운 마음이 들었어요.

첫 수업에는 전통 의상을 입기로 약속했고, 저희는 교실 안에 인도네시아-한국 국기를 나란히 걸고 '국제교류 수업 배너'도 함께 설치했어요. 분위기는 정말 "여기는 국제교류 현장입니다!"라고 말해주는 것 같았어요.

수업은 이창근 선생님과 제가 간단히 학교를 소개하면서 시작되었고, 이어서 양국 학생들이 준비한 문화 공연 영상을 함께 시청했어요. 영상이 끝나자 교실 안에서 박수가 터졌고, 이후에는 학생들이 조를 나누어 서로 자기소개를 이어갔어요. 아이들이 부끄러워하면서도 또박또박 영어로 말하는 모습을 보며, 저는 속으로 '정말 잘하고 있어!'라고 응원했어요.

첫 온라인 국제교류 수업 그 순간!

　수업은 전반적으로 무리 없이 잘 진행되었어요. 다만, 몇 번 인터넷 연결이 끊기거나 마이크가 작동하지 않는 등의 작은 문제가 있었어요. 그래도 모두의 협조 덕분에 순조롭게 마무리되었고, 수업이 끝난 뒤엔 다음 주제와 수업 일정도 함께 안내했어요. 다음 주제는 '인도네시아와 한국의 문화'였어요.

　시간이 부족한 온라인 수업의 아쉬움을 보완하기 위해, 저희는 〈패들렛(Padlet)〉이라는 온라인 플랫폼을 함께 활용했어요. 학생들이 온라인 수업 중 발표한 내용은 패들렛에도 업로드하고, 서로 댓글로 응원하거나 질문을 주고받으며 더 많은 상호작용이 가능했어요. 패들렛은 아이들이 자유롭게 의견을 나눌 수 있는 공간이었고, 수업 밖에서도 계속 이어지는 문화 교류의 장이 되었어요.

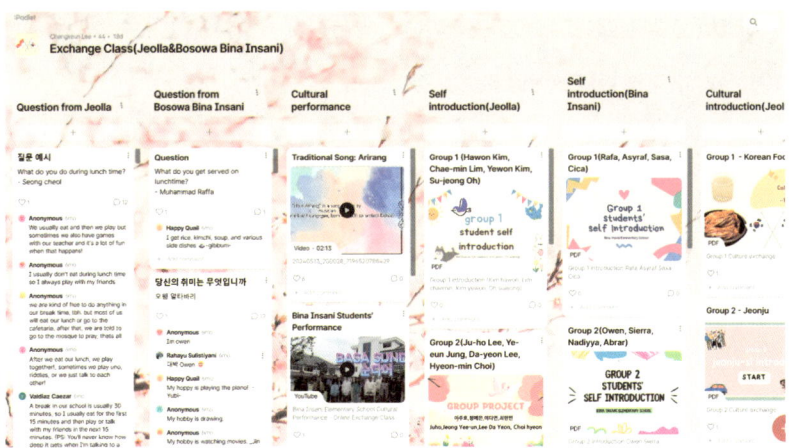

국제교류 수업의 발자취를 기록한 패들렛 화면

이렇게 1년의 경험을 쌓은 뒤, 2기 국제교류 수업 동아리에서는 수업 활동도 한층 업그레이드되었어요.

문화 소개 수업 시간에도 저는 학생들에게 '인도네시아 문화를 직접 보여주어라!'라고 과제를 줬고, 아이들은 미리 그룹을 나눠 준비했어요. 어떤 팀은 미술, 어떤 팀은 음악·노래, 어떤 팀은 음식, 어떤 팀은 일상 루틴을 선택했어요. 각 그룹에 선생님 한 분씩 매칭되어 발표 준비를 도왔답니다.

바틱 팀: 설명만 하지 않고, 직접 만든 바틱 천을 보여주었어요. 아이들과 한국 친구들이 정말 감탄했죠.

음악·노래 팀: 앙클룽(angklung) 악기를 소개하고 연주했으며, 수다사(학생들이 준비한 전통 노래)도 불렀답니다. 분위기 완전 화기애애!

음식 비교 팀: 인도네시아와 한국 음식 중 비슷한 맛이나 콘셉트를 매칭해서 소개도 했어요. 공감대 형성엔 이만한 게 없죠.

일상 브이로그 팀: '인도네시아 학생의 하루'를 브이로그로 만들어서 보여줬어요. 아침에 일어나서, 학교 생활, 저녁까지, 귀여운 일상이었죠.

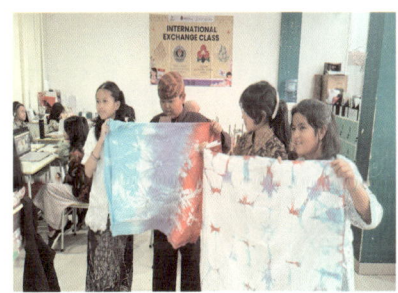 

학생들이 직접 바틱을 만들어서 수업 발표에 사용했어요

또 한 번의 온라인 수업에서는 이창근 선생님이 또 멋진 아이디어를 줬어요. 바로 KIFC(한-인니 산림 협력 센터)와 협업하는 거였어요. 여기엔 산림 보호 전문가들이 모여 있어서, 단순 학교 교류를 넘어 글로벌 시민으로서 환경 문제를 다루는 배움을 할 수 있었죠.

이 수업 활동에 대한 더 자세한 설명은 이창근 선생님께 맡길게요.

한국과 인도네시아, 두 나라 선생님들이 함께 준비한 수업은 문화 교류부터 환경 프로젝트까지 정말 다양했어요.

그리고 이런 특별한 시도들이 가능했던 건, 무엇보다도 열성적인 우리 아이들 덕분이에요.

창의력도, 열정도 정말 자랑스러워요.

자랑스러운 국제교류 동아리 학생들의 모습

4

EMPAT:
손님에서 친구가 되기까지

'EMPAT'은 인도네시아어로 '4'를 의미합니다.

#어서와인도네시아는처음이지

#밤샘교류기록

#찐친예약완료

어서 와,
인도네시아는 처음이지?

비나 인사니 초등학교와 전라초등학교의 협력 중 가장 특별한 순간 중 하나는, 바로 한국 학생들이 인도네시아에 직접 방문한다는 점이었어요.

2024년 9월, 처음으로 해외 학생들이 우리 학교를 찾아오는 이 방문은 그야말로 역사적인 일이었죠. 그동안 온라인으로만 만났던 친구들을 이제 드디어 얼굴을 마주하고 만나게 되는 순간이기도 했어요.

방문 관련 소식을 교사들에게 알리기 전, 저는 투스티(Tuesty) 교감 선생님과 수차례 의견을 나누었어요. 그리고 함께 고민 끝에 이 활동의 이름을 '문화 교류의 날(Exchange Culture Day)'이라고 정했답니다.

학생들이 직접 만나 문화를 교류하고, 더 깊은 우정을 쌓는 시간이 되길 바라는 마음에서였어요. 행사는 이틀에 걸쳐 진행되었고, 첫날은 학교에서 다양한 활동을, 둘째 날은 대형 빌라에서 1박 2일의 교류 시간을 가졌죠.

준비는 무려 석 달 전부터 시작했답니다. 위원회 구성, 협의 회의, 최종 점검까지 밤낮없이 달렸어요.

행사 준비를 위한 교사 회의 모습

학생들과 선생님들 모두 각자의 역할에 최선을 다해 준비에 몰두했어요.

학생들은 열심히 공연을 연습했고, 각자 맡은 코너도 정성껏 준비했죠. 선생님들 역시 늦은 시간까지 학교에 남아 하나하나 정리하며 열심히 손을 보았답니다. 특히 저희 행사 준비팀인 니아(Nia) 선생님, 디니(Dini) 선생님, 루루(Lulu) 선생님과 저는 밤 9시까지 남아 마무리를 하곤 했어요. 그야말로 팀워크의 결정체였죠!

인도네시아 5대 섬 부스를 준비하는 선생님과 학생들의 모습

행사 준비 중엔 아주 잊지 못할 귀여운(?) 해프닝도 있었답니다.

월요일에 열리는 큰 행사를 앞두고 금요일까지 모든 준비를 끝내야 했기에, 많은 선생님들이 늦게까지 남아 작업했죠.

그날도 대부분의 선생님들이 집으로 돌아간 후, 니아 선생님 교실에서 저희 네 명은 계속 자료를 정리하고, 장식도 손봤어요. 어느새 밤 9시. 교실 불빛을 제외하곤 학교 전체가 어두컴컴했어요. 저도 모르게 등골이 서늘해졌죠.

그래서 우르르 계단을 내려가기로 했는데, 신기하게도 니아(Nia) 선생님은 지치지도 않고 노래를 부르며 춤까지 추더라고요. 어디서 그런 에너지가 나오는지 정말 궁금했어요.

그런데 2층의 긴 복도를 지나려던 순간, 문이 잠겨 있었어요.

열쇠를 찾으며 분주히 움직이는 사이, 갑자기 루루 선생님이 깜짝 놀라 소리를 지르더니, 그 소리에 놀란 디니 선생님도 비명을 지르고, 결국 저도 따라 소리를 질렀죠. 무서움이 전염되는 경험, 처음이었어요.

결국 니아 선생님이 문을 열자마자, 저희는 마치 유령이라도 본 듯 우르르 달려나갔고, 주차장에 도착하자 배를 잡고 한참을 웃었어요.

도대체 왜 그렇게 놀랐는지 지금도 모르겠지만, 그날 밤은 우리 셋에게 '문화 교류 귀신 체험의 밤'으로 영원히 기억될 거예요.

밤늦게 행사를 준비하는 선생님들과, 언제나 에너지 충만한 니아 선생님

이렇게 준비 과정의 시간이 지나고, 2024년 9월 9일 월요일. 손꼽아 기다리던 문화 교류의 날이 마침내 열렸습니다. 이날, 비나 인사니 학생들과 교사들은 화려한 바틱 교복과 전통 의상을 입고, 인도네시아의 다채로운 문화를 한껏 뽐냈습니다. 포토 부스도 아름다운 장식으로 꾸며져 사람들의 발길을 끌었고, 교정 곳곳에 걸린 깃발들이 축제의 분위기를 더욱 고조

시켰어요.

환영 행사는 가슴 벅찼습니다. 비나 인사니 학생들이 양옆으로 줄지어 한국 국기를 흔들며 따뜻하게 맞이했고, 무대 앞에는 인도네시아와 한국 국기를 든 학생들도 서 있었죠. 전통 순다네시안 악기인 데궁 음악이 울려 퍼지자, 전라초 대표단이 입장했고, 전통 의상을 입은 순다족 퍼포먼스 리더 '키 렝거'가 등장해 유쾌한 분위기를 더했어요.

곧이어 교육청 대표가 여성 교사들에게는 바틱 숄을, 남성 교사들에게는 토토퐁 전통 머리띠를 직접 걸어주며 공식 환영식을 시작했어요. 그리고 보고르 시의 마스코트인 '루보(RuBo)'도 깜짝 등장! 루보는 곱슬 사슴 뿔과 이마의 초록 하트 문양으로 사랑스럽게 디자인된 캐릭터로, 행사에 즐거운 포인트를 더해줬답니다.

공식 행사장 한가운데에 모인 우리는 인도네시아 국가인 〈인도네시아 라야(Indonesia Raya)〉를 모두 함께 부르며 시작의 감동을 느꼈습니다. 이어서 한국 국가인 〈애국가〉를 전라초 친구들과 함께 부르며 두 학교의 진정한 교류가 시작되었어요.

우리 학교에 오신 것을 환영합니다!

　가장 인상 깊었던 순간 중 하나는 120명의 1학년 학생들이 보여준 〈인당〉 춤이었어요. 아이들이 얼마나 열심히 준비했는지 그 조화로운 동작에서 다 느껴졌어요. 이 공연을 본 전라초 교장 선생님도 너무 감탄하셨어요.

1학년 학생들의 멋진 공연! 최고야!

　문화 공연은 양국 학생들이 번갈아 가며 무대를 꾸몄어요. 비나 인사니는 인당춤[11], 자이뽕 춤[12], 펜짝실랏[13], 합창, 솔로송 등 다양한 무대를 펼쳤어요. 한국 학생들은 부채춤, 탈춤, 그리고 K-POP 댄스를 선보였는데, 모두가 열광의 박수를 보냈죠.

그리고 바로 그날, 공식적으로 양 학교의 교류협력 MOU를 체결했어요. 정말 감동의 순간이었어요. 처음엔 단순한 교사 교류로 시작했지만, 이제는 학교와 학교 사이에 진정한 우정과 협력이 시작된 거예요. 저는 이 모든 여정을 함께해주신 이창근 선생님께 진심으로 감사드려요.

이날의 하이라이트는 한국 전통문화 수업이었어요. 바로 북청사자놀음 문화 수업이었죠. 한국의 국립무형유산원의 지원으로 가능했던 이 수업은 이창근 선생님의 인적 네트워크 덕분이었어요. 학생들은 사자탈 인형을 만들고, 그 탈 인형을 활용한 춤을 배웠어요. 덕분에 웃음과 박수 소리가 가득해진 교실은 그 자체로 문화 교류의 장이었답니다.

우리는 호스트 학교로서 우리 최고의 친구들인 전라초 손님들을 위한 점심식사도 준비했어요. 인도네시아 전통 요리들을 뷔페식으로 준비했어요. 사떼[14], 박소[15], 그리고 다양한 인도네시아식 디저트, 코코넛 음료, 여

---

11) 서수마트라(Sumatera Barat) 지역, 미낭카바우(Minangkabau) 민족의 전통춤
12) 서부자바, 특히 순다족(Sundanese) 문화권의 전통춤
13) 인도네시아 전통 무술
14) 인도네시아 꼬치구이 요리
15) 인도네시아식 미트볼

러 과일 등 수많은 음식들을 준비했죠. 한국에서 온 소중한 친구들은 우리가 준비한 음식을 진심으로 즐겨주었어요.

학부모님들도 발 벗고 나서서 도와주셨어요!

이날은 그저 특별한 하루가 아니라, 우리 모두의 기억 속에 남을 평생의 소중한 순간이었어요. 함께한 그날의 감정, 웃음, 교류, 우정은 앞으로도 우리 모두의 마음속에서 반짝일 거예요.

단체 사진도 찰칵!

밤샘 교류 기록:
빌라에서의 스테이케이션

    한국 학생들의 학교 방문을 준비하면서, 저는 이창근 선생님과 여러 차례 논의를 했어요. 이 선생님께서는 이전에 인도네시아 학교와 교류를 했던 경험이 있어서, 작년엔 어떤 프로그램을 했고 어떤 점이 좋았는지 자세히 이야기해주셨어요. 그중에서도 특히 "좀 더 인간적인 교감을 나눌 수 있는 시간이 있었으면 좋겠다."라는 말씀이 인상 깊었어요.

    처음에는 홈스테이 프로그램을 생각했어요. 전라초 학생들이 비나 인사니 학생들 집에 머무는 방식이었죠. 하지만 여러 가지를 고려한 끝에, 홈스테이 대신 단체로 한 공간에서 함께 하룻밤을 보내는 '빌라 스테이'를 기획하게 되었어요. 그렇게 하면 친구들이 자유롭게 어울리고 함께하는 시간이 많아질 수 있을 것 같았거든요.

    문제는 70명이 함께 머물 수 있는 빌라를 찾는 일이었어요. 저희는 뿐짝 지역을 중심으로 여러 빌라를 직접 답사했어요. 뿐짝은 공기가 맑고 자연 경관이 아름다워서 학생들에게도 좋은 추억이 될 것 같았거든요. 다만 대부분의 빌라는 인원이 적게 수용되는 데다, 길이 좁고 가팔라서 대형 버스로 이동하기 어렵다는 문제가 있었어요.

세 번이나 현장 조사를 다녀온 끝에, 마침내 우리가 찾던 이상적인 빌라를 발견했어요! 넓은 운동장도 있고 수영장도 있고, 대형 버스가 진입할 수 있는 메인 도로 옆에 위치해 있었어요. 예산도 딱 맞아서 정말 감사했죠. 이 모든 과정을 함께 도와준 니아 선생님과 디니 선생님 덕분이에요.

고생 끝에 낙이 온다! 정말 험난했던 빌라 구하기 과정

행사 당일, 학교 일정이 끝나고 빌라로 이동해야 했는데, 그날따라 비가 정말 많이 내렸어요. 역시 보고르는 '비의 도시'답더라고요. 학생들이 큰

버스까지 가기 어려워서, 작은 차량으로 나눠타고 이동해야 했어요. 우리 지역의 경찰차가 함께 에스코트해주셔서 교통 체증도 없이 무사히 빌라에 도착했어요. 오후 4시쯤이었고, 모두 조금 피곤해 보였지만 설렘은 여전했어요.

도착 후에는 빌라의 강당에 모여 앞으로의 일정을 안내하고 방 배정을 했어요. 저녁 시간이 가까워져서 일단 휴식을 취한 뒤, 식사를 함께했어요. 인도네시아식 치킨 튀김, 템페[16], 수프, 삼발[17], 과일 등으로 구성된 저녁 식사였는데, 학생들이 특히 잘 먹었어요. 한국 친구들에게는 익숙하지 않은 음식일 텐데, 정말 맛있게 먹어주니 더 기뻤어요.

식사 후에는 자유시간이 있었는데요, 처음엔 어색해하던 아이들이 어느 순간부터 같이 춤을 추고 게임도 하고, 서로 농담을 주고받는 거예요. 언어는 다르지만 마음은 같다는 걸 느낄 수 있었어요. 이창근 선생님이 말씀하신 대로 "함께 자는 하루"는 정말 효과가 있었던 것 같아요.

그날 밤은 선생님들이 준비한 게임 시간으로 이어졌어요. 루루 선생님이 진행해주셨고, 컵 잡기 게임, 빨대 연결 게임 등을 하며 아이들이 너무나 즐겁게 웃었어요. 이어서 서로의 편지를 교환하는 시간이 있었는데, 그 순간은 정말 감동적이었어요. 몇 달 전 온라인으로 주고받은 편지의 답장

---

16) 인도네시아 전통 발효음식
17) 인도네시아 요리에 곁들이는 전통 매운 소스

을 직접 만나서 교환하니까, 감정이 북받쳤는지 눈시울을 붉히는 아이들도 있었어요.

그리고 마무리는 단체 노래와 댄스 타임! 빌라는 어느새 콘서트장이 되었고, 아이들은 함께 춤추며 그날 밤을 아름답게 마무리했어요.

루루 선생님이 진행한 게임 시간, 그리고 편지 교환의 순간!

다음 날 아침엔 나시고랭(인도네시아식 볶음밥) 아침 식사를 함께했는데, 한국 학생들이 특히 많이 먹었어요. 어떤 친구는 세 번이나 리필했답니다. 식사 후엔 야외활동이 있었어요. 팀을 섞어서 컵 옮기기, 바키악(인도네시아 전통 게임) 등의 활동을 했어요. 다 같이 넘어지고 웃고, 손을 맞

잡고 한 걸음씩 나아가던 그 모습이 아직도 생생해요.

　마지막으로 비나 인사니 학생들은 한국 학생들에게 기념 선물을 전달했어요. 그리고 선물과 함께 한국의 가수 우효의 〈민들레〉를 한국어로 불러주었어요. 우리가 〈민들레〉 노래를 선택한 이유는 좋은 멜로디뿐만 아니라 가사의 의미 때문이었어요. 희망, 친절, 그리고 계속 나아갈 수 있는 조용한 힘에 대한 메시지를 담고 있는 이 노래는 국제교류의 정신을 완벽하게 반영했거든요. 비나 인사니 학생들은 한국어로 노래를 부름으로써 한국 친구들에 대한 존경과 감사, 그리고 진정한 유대감을 표현하고자 했어요. 학생들이 노래를 부르기 시작하자 전라 학생들은 인도네시아 학생들이 한국어로 부르는 것을 듣고 매우 놀란 눈치였어요. 어떤 친구는 눈물을 흘리기도 했어요.

깜짝 노래 선물의 순간

짧지만 진한 이틀이었어요. 저는 이 하루하루가 모두의 가슴에 평생 남을 소중한 추억이 되면 좋겠습니다.

PEACE 2024,
그날 우리는 친구가 되었다

학교에서의 문화 교류 행사와 빌라에서의 특별한 밤 이후, 우리는 또 한 번 의미 있는 자리에서 다시 만났어요. 바로 PEACE 2024입니다. Partnership in Education And Cultural Exchange라는 이름처럼, 전라초, 비나 인사니 초, 한솔초, SDN 01 우중 멘텡 빠기, 네 초등학교가 함께 자카르타의 문화 공간 이스마일 마르주키에서 모인 뜻깊은 행사였어요.

이 행사가 열리기까지, 이창근 선생님의 창의성과 열정이 정말 대단했어요. 낯선 외국에서 직접 공간을 대관하고, 여러 학교와 기관을 조율하며 이런 규모의 행사를 기획하고 운영하신다는 것 자체가 놀라운 일이에요. 매번 감탄할 수밖에 없어요.

더 감동적이었던 건, 이 행사의 공동 진행자이자 학생 특강을 진행한 재이 학생이 바로 이창근 선생님의 옛 제자였다는 사실이에요. 자카르타에 계시던 시절 인연을 맺은 학생이, 이제는 세계 시민 교육의 메시지를 나누는 청소년 리더로 성장해 이 자리에서 다시 만나게 되었다는 사실이 PEACE 2024를 더욱 특별하게 만들어 주었어요.

재이 학생은 시나르마스 월드 아카데미의 고등학생으로서 장학금을 받아 공부하고 있으며, 인도네시아 아이들을 위한 자원봉사 활동에도 적극적으로 참여하고 있어요. 심지어 자신의 책도 출간했다고 해요. 그녀의 이야기는 정말 많은 학생들에게 영감을 주었어요. '글로벌 시민'이라는 개념이 단지 교과서 속의 개념이 아니라, 지금 우리 또래 청소년도 충분히 실천할 수 있는 일이라는 것을 실감하게 해주었거든요.

재이 학생의 세계 시민 주제 특강

이 자리에서 저도 교사로서의 경험을 나눌 기회를 얻었어요. 저는 이 국제교류 수업 프로그램이 단지 다른 나라를 배우는 데서 끝나는 것이 아니라, 서로를 이해하고 성장하는 '우정의 다리'가 되었다는 점을 강조하며 감사를 전했어요.

이어진 학생 공연에서, 저희 비나 인사니 학생들은 인도네시아의 전통 예술을 담은 두 가지 무대를 준비했어요. 하나는 공작새의 우아한 움직임에서 영감을 받은 아름다운 순다 전통 무용 〈따리 메렉(Tari Merek)〉, 또 하나는 나무 의자를 악기로 활용해 만든 신나는 리듬 공연 〈방꿀(Bangku Ditakol)〉이에요. 정적이고 고운 예술에서부터 활기차고 유쾌한 전통까지, 인도네시아 문화의 다양함을 보여주고 싶었어요.

비나 인사니 학생들의 문화 공연

그다음에는 저희가 함께 했던 모든 교류 수업 활동을 담은 영상이 상영되었어요. 그 장면들을 다시 보니 정말 눈물이 났어요. 수업, 웃음, 도전,

잊을 수 없는 순간들이 스쳐 지나갔고, 마지막엔 인도네시아와 한국 학생들이 함께 부른 RAN의 〈드깟 디 하띠(Dekat di Hati)〉가 한국어와 인도네시아어로 울려 퍼졌어요. 모두가 핸드폰 플래시를 켜고 따라 부르는 모습은 마치 작은 콘서트 같았고, 정말 오래도록 마음에 남을 순간이었어요.

마지막은 인도네시아 동누사뜽가라 지역의 전통춤 〈마우메레(Maumere)〉로 장식했어요. 이 춤은 남녀노소 누구나 쉽게 따라 할 수 있어 인도네시아에서는 행사의 마지막을 장식할 때 자주 추는 춤이에요. 이날도 모두 함께 어깨를 들썩이며 하나가 되었고, 음악과 웃음으로 가득 찬 시간이었어요.

PEACE 2024는 문화 교류가 단지 전통을 보여주는 자리에 머무르지 않고, 진심을 나누고 우정을 쌓는 장이라는 걸 다시 한번 깨닫게 해주었어요. 학교에서 시작된 작은 연결이 이제는 국경을 넘어 사람과 사람을 잇는 따뜻한 다리가 되었다는 걸 느꼈답니다. 저는 이 파트너십이 앞으로도 계속 이어져, 더 많은 아이들이 세상을 배우고 서로를 이해하며, 따뜻하고 책임 있는 세계 시민으로 성장해 나가기를 진심으로 바랍니다.

그들의 목소리, 교류의 의미

　국제교류 수업 프로젝트가 끝난 후, 제 마음속에 계속 맴도는 생각이 하나 있어요. '이 수업이 정말 많은 사람들의 삶에 어떤 흔적을 남겼을까?' 단지 프로그램을 기획한 교사로서가 아니라, 함께 참여한 학생, 동료, 그리고 학교 전체의 입장에서 그 의미를 되새겨보고 싶었어요. 그래서 이 프로젝트에 함께했던 분들의 솔직한 이야기를 들을 수 있었을 때, 저는 그 어느 때보다도 마음이 벅차올랐어요.

　가장 먼저, 저희 비나 인사니 초등학교의 에까 교장 선생님의 이야기를 들려드리고 싶어요.

"국제교류 수업은 비나 인사니 초등학교가 한국의 한 초등학교와 함께 운영한 프로그램이에요. 학생들의 관심이 정말 컸고, 아이들에게뿐만 아니라 학교 전체에도 많은 유익이 있었어요. 이 수업을 통해 학생들은 새로운 교수법과 수업 자료를 접하는 것은 물론, 외국어로 직접 소통하며 언어 실력을 키울 기회를 가졌지요. 또, 한국의 전통, 음식, 생활 방식 등을 배울 수 있었고, 글로벌 관점을 키울 수 있는 소중한 시간이었어요. 무엇보다도, 이 과정을 통해 서로의 학교가 친구가 되었고, 학생들도 세계와 연결되는 경험을 했다는 점이 가장 인상 깊어요."

이 말씀을 들으면서 저는 이 프로젝트가 단지 교사들의 수업적인 실험 활동이 아니라, 학교 전체의 성장과 변화를 가져온 계기였다는 걸 다시금 깨달았어요.

그리고 저와 함께 프로그램을 준비했던 리라 선생님의 소감도 정말 인상 깊었어요.

"이 프로젝트는 저에게 교사로서의 성장을 경험하게 해 준 귀중한 기회였어요. 다른 나라의 교사들과 협력하면서 다양한 교수 스타일과 교육 철학을 직접 느낄 수 있었고, 그것이 제가 앞으로 더 유연하고 창의적인 수업을 설계하는 데 큰 도움이 되었어요. 문화적 소통의 경험도 컸어요. 교사로서, 단지 지식을 전달하는 것이 아니라 서로 다른 문화를 이해하고 존중하는 자세가 얼마나 중요한지를 더 깊이 느꼈어요. 이 프로젝트는 단순한 수업이 아니라, 교사로서 세계와 연결되는 플랫폼이었어요."

그리고 마지막으로, 사랑스러운 제자 아루나의 이야기로 이 챕터를 마무리하고 싶어요. 아루나는 지금도 이 프로그램을 말할 때면 눈을 반짝이며 이렇게 얘기해요.

"안녕하세요, 저는 아루나예요. 한국 전라초와 저희 비나 인사니 학교가 함께한 교류 수업에 참여할 수 있어서 정말 행복했어요. 한국 학생들과 친구가 될 수 있었고, 한국의 춤, 전통 놀이, 전통 의상, 음식 등을 배우면서, 드라마에서 보던 한국을 직접 느낄 수 있었어요. 또, 인도네시아 문화를 그 친구들에게 소개할 수 있었던 것도 너무 신났어요. 이 수업 덕분에 저는 한국 문화뿐 아니라 SDGs(지속 가능 발전 목표)도 배울 수 있었고, 지금도 몇몇 한국 친구들과 연락하고 있어요!"

이 세 사람의 목소리를 들으면서 저는 확신하게 되었어요. 이 교류 수업은 단순히 '교육 프로그램'이 아니라, 서로 다른 배경의 사람들이 진심으로 연결되고, 배움과 성장의 기쁨을 함께 나누는 '공간'이었다는 것을요.

교육은 결국 '사람'의 이야기잖아요. 함께 배우고, 나누고, 이해하고, 연결되는 그 모든 순간들이 쌓여 지금의 우리를 만든다고 생각해요. 그리고 저는 이 프로그램을 통해 정말 많은 사람들과 그런 소중한 순간을 함께할 수 있었던 것에 감사한 마음뿐이에요. 이 이야기가 더 많은 교실과 학교로 퍼져 나가기를, 그리고 또 다른 연결의 시작이 되기를 진심으로 바랍니다.

5

LIMA:
연결의 힘을
믿게 되었어요

'LIMA'는 인도네시아어로 '5'를 의미합니다.

한국에서 돌아온 뒤,
교사로서 다시 생각하게 된 것들

한국에서 교사로 지낸 시간은 제 교육 인생의 '소프트웨어 업데이트' 같았어요. 그곳에서 한국 선생님들의 일하는 방식을 가까이에서 볼 수 있었어요. 정시에 출근하고, 수업 준비에 철저하며, 각종 연수나 교사학습 공동체에 적극적으로 참여하는 모습이 인상 깊었어요.

특히 제 멘토 선생님이셨던 이창근 선생님은 국제교류 수업을 운영하는 교사 커뮤니티뿐 아니라, 로봇 교육이나 AI 교육 같은 에듀테크 연구 모임에도 활발히 참여하고 계셨어요. 처음엔 '이분은 하루가 36시간인가?' 싶은 생각도 들었지만, 곧 알게 되었어요. 그건 단순한 능력이 아니라, 배움에 대한 '지치지 않는 열정'이라는 걸요.

이런 한국 선생님들의 열정을 보면서, 교사는 단지 교실 안에서 수업만 하는 사람이 아니라는 사실을 다시금 깨달았어요. 교사는 끊임없이 자신을 계발해 나가야 하고, 늘 배우는 자세를 잃지 말아야 한다는 것을요.

한국에서는 공개 수업이나 수업 연구회를 통해 서로의 수업에서 배우고, 피드백을 나누는 문화가 자리 잡고 있었어요. 어쩌면 이런 문화가 한국이 교육 선진국으로 성장하는 데 큰 역할을 했을지도 모르겠어요. 교사의 질을 매우 중요하게 여기는 분위기 속에서, 저는 교육의 변화가 교사로부터 시작된다는 사실을 더 깊이 이해하게 되었어요.

한국 교육의 역사에 대한 세션에 참석했을 때는 더욱 인상 깊었어요. 해방 직후 한국의 교육 시스템은 인도네시아를 포함한 다른 개발도상국들과 크게 다르지 않았다고 해요. 하지만 긴 안목과 강한 실천력으로 점차 진보적인 교육 체계를 세워나갔다는 이야기를 들으며, 제 나라의 교육에 대해서도 더 많은 가능성을 떠올리게 되었어요.

2010년 맥킨지 보고서 「Closing the Teaching Talent Gap」에서는 핀란드, 싱가포르, 한국 같은 고성과 교육 국가들이 교사 후보자를 대학 졸업생 상위 3분의 1에서 선발한다고 소개하고 있었어요. 반면 미국은 23% 정도에 그친다고 해요. 이 내용을 접하면서, 저는 자연스럽게 인도네시아의 상황을 생각하게 되었어요. 우리는 아직 교직을 충분히 매력적인 직업으로 만들지 못하고 있고, 지역마다 채용 기준이 다르며, 급여나 진로 체계도 분명하지 않은 경우가 많아요. 특히 외곽 지역일수록 교사 질의 차이가 커지는 것도 현실이에요.

이 보고서는 높은 선발 기준, 급여 인상, 명확한 경력 설계, 지속적인 연수 등 포괄적인 개혁을 제안하고 있었어요. 저는 인도네시아도 이런 방향에서 배울 점이 많다고 느꼈어요.

한국에서 돌아온 이후, 저는 그곳에서 보고 배운 사례들을 하나씩 적용해 보기 시작했어요. 더 철저하게 시간을 관리하고, 협업하며, 효율적으로 일하려고 노력했어요. 새로운 기술도 배우고 싶어서 코딩이나 로봇 수업에도 관심을 가지게 되었어요. 수업에서는 상황 중심의 프로젝트 수업을 시도해보고, 기술을 활용해 학생들의 참여를 이끌어내는 방법도 고민했어요.

STEM 로봇 교육 연수에 참여하며 프로젝트 기반 학습을 연구하는 나

또한, 인도네시아 교육계에 한국 학생들의 삶을 소개하면서 우리 아이들이 다른 문화 속 배움을 간접적으로 경험할 수 있도록 했어요. 교사 동료들에게도 제가 느낀 점들을 나누었고, 교내뿐 아니라 도시 단위, 전국 단위 포럼에서도 사례를 발표하게 되었어요.

한국과 함께한 나의 교육적 경험을 나누었던 다양한 순간들

무엇보다도, 교사 커뮤니티에서 협력하는 문화가 얼마나 긍정적인 영향을 줄 수 있는지를 직접 경험하면서, 저도 더 많은 전문 모임에 참여하게 되었어요. 열정 있는 선생님들과 함께하는 시간은 늘 저를 자극했고, 이러한 네트워크를 통해 나 자신뿐만 아니라 우리 교육에도 조금씩 변화가 생

기리라 믿게 되었어요.

그리고 학생들을 세계 시민으로 자라나게 하기 위해 세계시민교육(GCED)의 중요성도 더 깊이 생각하게 되었어요. 이제는 세계가 더욱 촘촘히 연결되어 있는 시대잖아요. 아이들이 어릴 때부터 넓은 관점을 가지는 것이 정말 중요하다고 느꼈어요. 그래서 한국과 말레이시아 학교가 함께 참여한 국제교류 수업 프로그램에 저희 학교도 기쁜 마음으로 함께하게 되었어요. 이 수업은 학생들과 교사 모두에게 배움과 성찰의 장이 되었고, 서로의 성장을 북돋는 시간이었어요.

한국에서 배운 것은, 교육이란 짧은 시간에 성과를 내는 일이 아니라는 점이었어요. 오래 보고, 함께 가야 하는 일이라는 것을요. 교사 한 사람의 역할도 중요하지만, 가정과 지역 사회, 그리고 정부까지 함께 어우러져야 교육 생태계가 건강해진다는 사실을 깨달았어요.

교실은 작지만, 그 안에서 이뤄지는 변화는 결코 작지 않다는 믿음을 갖게 되었어요. 이제 저는 더 열린 시선으로 배우고 도전하며, 교육을 하나의 직업이 아니라 '함께 살아가는 방식을 배우는 여정'이라 생각하게 되었어요.

두 선생님의 우정,
국제무대까지 이어지다

이창근 선생님과의 인연은 인도네시아-한국 교사 교류 프로그램에서 시작되었어요. 그는 제 멘토였고, 처음부터 문화 교류에 대한 열정과 헌신이 느껴지는 분이셨어요. 그 프로그램을 통해 저는 '국제교류 수업'이라는 개념을 처음 접하게 되었고, 이 수업이 단순한 활동이 아니라 학생들의 세계관을 확장시키는 데 큰 역할을 한다는 점에서 깊은 감명을 받았어요.

무엇보다 감사했던 점은, 프로그램이 끝난 이후에도 우리의 인연이 끊기지 않았다는 거예요. 오히려 더 깊고 단단한 파트너십으로 발전했어요. 온라인 국제교류 수업부터 한국 학생들의 인도네시아 방문까지, 여러 가지 활동을 함께 준비하고 운영했어요. 물론 그 과정이 늘 쉽지만은 않았어요. 시간, 에너지, 생각, 그리고 유연함이 많이 필요했어요. 계획한 대로 진행되지 않은 부분도 있었지만, 저는 그 과정을 통해 협업이라는 것은 완벽한 계획이 아니라 '공동의 헌신'과 '신뢰'에서 비롯된다는 것을 배우게 되었어요.

이러한 경험을 바탕으로, 우리는 국제 포럼에도 몇 차례 초청을 받게 되었어요. 첫 발표는 2024년, 세종시교육청이 주관한 세종 국제교사 컨퍼런스에서였어요. 이창근 선생님께서 공동 발표자로 저를 초대해 주셨을 때, 저는 흔쾌히 "네!"라고 대답했지만, 사실 속으로는 긴장도 많이 되었어요. '내가 정말 이 무대에 서도 될까?' 하는 생각이 들었거든요.

그런데 이 선생님의 믿음과 응원 덕분에, 마음이 조금씩 편해졌어요.

발표 제목은 "Sharing & Learning Beyond Borders: International Exchange Class Project – Connecting the Class, Connecting the World"였어요.

저는 교사 교류 프로그램 참여자로서의 경험, 그리고 저희가 함께 운영한 국제교류 수업에 대해 발표했어요. 제 발표가 끝난 후에는 이창근 선생님의 발표에도 함께 참여해서 패널 토의도 진행했어요. 국제 포럼이라는 무대에서, 그것도 다른 나라의 교사들과 나란히 섰다는 것이 아직도 믿기지 않을 정도로 특별한 경험이었어요.

그 이후에도 협업은 계속되었어요. 두 번째는 태국 방콕에서 열린 제21차 APEC ALCoB(아시아태평양 교육공동체) 포럼이었어요. 이번에는 예전에 이창근 선생님과 교류 수업을 함께했던 리타 선생님도 함께 참여했어요. 세 명의 교사가 한국과 인도네시아가 함께 만든 수업 사례를 아시아

세종 국제교사 컨퍼런스에 참여하는 두 베스트 프렌드의 모습

250 PART 2 인도네시아, 라하유 선생님의 이야기

태평양 지역의 교육자들과 공유했어요. 이 발표는 단지 경험을 나눈 것 이상의 의미가 있었어요. 우리가 함께해온 일이 더 넓은 세계 속에서도 공감과 관심을 받을 수 있다는 점에서 큰 격려가 되었어요.

세 번째는 싱가포르에서 열린 EDUtech Asia 2024였어요. 이번엔 제가 혼자 발표자로 섰고, 이전과 같은 국제교류 수업을 주제로 했지만, 제가 느낀 교사로서의 성장과 변화에 초점을 맞춰 발표했어요. 혼자 준비하고 발표하는 과정이 쉽지는 않았지만, 제가 걸어온 길을 돌아보는 좋은 기회가 되었어요.

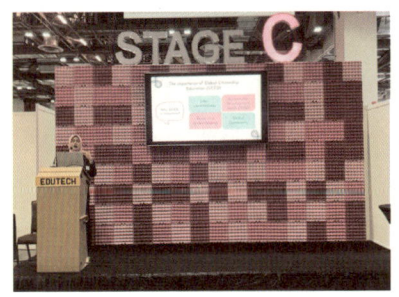 

싱가포르에서 개최된 EDUtech Asia 2024에 발표자로 참석한 나

국제 무대에서 발표한 것뿐 아니라, 우리는 인도네시아 교사들을 위한 웨비나도 여러 차례 진행했어요. 특히 과학과 수학 영역에서 교사 역량 강화를 돕고, 국제교류 수업을 소개하는 자리를 가졌어요. 한 웨비나는 이창근 선생님, 이연희 수석 선생님, 유대영 교감 선생님과 함께 진행했고, 유

튜브와 온라인 교사교육 플랫폼을 통해 2,000명이 넘는 교사분들이 참여해 주셨어요. 정말 감사하고 놀라운 경험이었어요.

이 모든 경험을 통해 저는 확신하게 되었어요. 교사는 언어와 문화가 달라도, 하나의 목표를 향해 함께 나아갈 수 있다는 걸요. 우리가 공유한 것은 단지 좋은 수업 사례가 아니라, 서로 다른 교육 환경 속에서도 아이들의 성장과 세계 시민으로의 성장을 함께 고민할 수 있다는 가능성이었어요.

인도네시아 교사들을 대상으로 진행한 웨비나 현장

작은 교실에서 시작된 이야기지만, 지금은 전 세계 무대에서 이어지고 있어요. 저는 이것이 끝이 아니라, 앞으로 더 많은 교사와 학생들이 함께 이어갈 수 있는 배움의 연결점이 되기를 바라고 있어요.

나의 꿈이 조금씩
자라기 시작했어요

　인도네시아–한국 교사 교류 프로그램과 국제교류 수업을 통해 저는 생각지도 못했던 새로운 기회들을 만날 수 있었어요. 그 여정을 지나며, 제 꿈도 조금씩 바뀌고 넓어졌어요. 예전에는 그저 교실에서 아이들을 잘 가르치는 교사가 되는 것이 저의 가장 큰 목표였어요. 하지만 지금은 그보다 더 넓고 지속 가능한 학습 생태계를 함께 만들어가고 싶다는 바람이 생겼어요.

　제가 말하는 학습 생태계는 단순히 학교 안에서만 머무는 것이 아니에요. 교사, 학생, 학부모, 지역 사회가 서로 연결되어서 함께 배우고 성장하는 공간이에요. 그 연결이 지역 안에서만이 아니라, 세계 속에서도 이어질 수 있다면 더 좋겠지요.

　이런 꿈은 하루아침에 생긴 것이 아니에요. 여러 경험과 성찰이 쌓이면서, 서서히 마음속에서 자라난 꿈이에요. 그리고 지금 저는 확신하고 있어요. 큰 꿈도 결국 작은 걸음을 계속 이어갈 때 현실이 될 수 있다는 것을요.

그래서 저는 지금 있는 곳, 제 학교에서부터 시작했어요. 학생들이 자유롭게 질문할 수 있고, 교사들이 서로를 지지하며 함께 배우는 분위기를 만들려고 노력하고 있어요. 학부모님들도 자녀의 배움에 더 깊이 참여할 수 있도록 소통하고 있어요. 긍정적인 학습 문화를 만들고, 동료 교사들과의 협업을 자연스럽게 이어가면서, 조금씩 제가 꿈꾸는 생태계의 밑그림을 그려가고 있어요.

또한, 저는 국제교류 수업을 더 많은 학교로 확장하고 싶어요. 단순히 문화를 소개하는 데서 그치는 것이 아니라, 서로의 배움을 깊이 이해하고, 함께 성장할 수 있는 장이 되었으면 좋겠어요. 교사들에게는 전문성을 나누는 자리, 학생들에게는 세계를 만나는 창이 되기를 바라요.

더 많은 인도네시아 교사들이 이런 국제적인 협업에 참여할 수 있도록 도와드리고 싶어요. 처음에는 누구나 막막하잖아요. 그래서 저는 경험을 나누고, 문을 열고, 길을 찾는 데 필요한 다리가 되어드리고 싶어요. 제 이야기가 누군가에게 작은 용기가 될 수 있다면, 그걸로도 저는 충분히 기쁠 거예요.

그리고 마음속 깊은 바람이 하나 더 있어요. 제가 가르치는 아이들이 언젠가는 한국에 가서, 직접 학교 수업을 듣고, 문화를 경험하면서, 세상을 더 넓은 시선으로 바라볼 수 있었으면 좋겠어요. 제가 한국에서 느꼈던 것처럼, 그 아이들도 자기 안에 새로운 생각과 감정을 만날 수 있으리라 믿어요.

그 아이들이 돌아올 때, 가방에 멋진 기념품은 없을 수도 있어요. 하지만 마음엔 배움의 흔적과 새롭게 생긴 꿈들이 가득할 거예요.

그 꿈을 함께 이루고 싶은 나의 학생들

다행히도 지금은 인도네시아 교육부에서도 교사들의 성장을 위해 다양한 기회를 마련해 주고 있어요. 저는 그 흐름 속에서 더 적극적으로 참여하고, 다른 교사들과도 함께하고 싶어요. 이건 단지 제 개인의 성취를 위한 것이 아니라, 더 나은 교육을 만들기 위한 교사로서의 책임감에서 비롯된 마음이에요.

교사는 단순히 수업을 잘하는 사람, 기술을 잘 다루는 사람이 아니라고 생각해요. 교사는 아이들에게 따뜻한 가치를 전하고, 관계를 맺고, 오늘과 내일을 잇는 연결자가 되어야 한다고 믿어요.

교사라는 이름으로, 다시 나를 그려보다

교사란 단지 교실 앞에 서서 지식을 전달하는 사람이라고 생각했던 때가 있었어요. 하지만 이번 국제교류의 경험은 저에게 그런 생각을 천천히 내려놓게 해주었어요. 교사는 자신의 삶을 스스로 다듬고, 누군가의 삶에 조용히 닿으며, 변화에 열려 있어야 하는 사람이라는 걸 알게 되었어요.

한국에서의 교사 교류 프로그램, 그리고 이후 이어진 국제교류 수업은 제가 스스로를 '교육자'로 다시 바라보게 하는 계기가 되었어요. 예전에는 교사가 모든 답을 갖고 있어야 한다고 생각했어요. 지금은 오히려 "함께 궁금해하고, 함께 길을 찾는 사람"이 교사라는 생각이 더 마음에 와닿아요. 지식을 단순히 전달하기보다, 학생들과 의미 있는 대화를 나누고, 탐색의 과정을 함께 걸어가는 역할이 더 중요하다고 느꼈어요.

국제교류를 통해 저는 교사의 정체성이 교실이나 국가 커리큘럼, 혹은 국경 안에만 머무르는 것이 아니라는 걸 깨달았어요. 이제 저는 인도네시아의 교사인 동시에, 전 세계 교육공동체의 한 사람이라는 자각을 가지고 있어요. 다른 나라 교사들과 같은 희망을 품고 있다는 것이 저에게 큰 힘이 되었어요. 그것은, 더 단단하고 더 따뜻한 세상을 함께 살아갈 다음 세대를 키운다는 공통된 바람이에요.

이 경험은 제 교육 철학에도 변화를 가져왔어요. 예전에는 학생들의 성적이나 수업 성취도, 평가 기준에 많은 관심을 가졌어요. 지금은 배움의 '과정' 자체에 더 큰 의미를 두게 되었어요. 그 과정은 아이들이 자라나는 여정이고, 인격을 형성하는 시간이며, 진정한 교육이 일어나는 공간이니까요.

좋은 교육이란 단지 효율적이고 체계적인 것만으로는 부족하다는 걸 배웠어요. 교육은 인간적이고, 관계적이며, 서로를 연결해주는 것이어야 한다고 믿게 되었어요. 문화와 문화를 잇고, 마음과 마음을 연결하며, 서로 다른 배경을 이해하고 존중하는 힘이 교육 안에 담겨야 한다고 생각해요.

이 여정을 통해, 저의 책임감도 더 넓어졌어요. 이제는 제 교실을 넘어, 지역 사회, 도시, 어쩌면 제 나라 전체의 교육을 함께 고민하게 되었어요. 저는 교사와 교사 사이를 잇고, 학생과 학생 사이를 잇고, 인도네시아와 세상을 연결하는 다리 역할을 하고 싶어요. 계속 배우고, 나누고, 작게라도 도움이 되는 사람이 되고 싶어요.

이 책은 이제 마지막 장에 다다랐지만, 저의 교사로서의 여정은 여전히 한창 진행 중이에요. 저는 더 이상 예전의 저와 같은 교사가 아니에요. 지금의 저는 '세계적으로 생각하고, 지역에서 실천하는' 교사예요. 배우는 데 망설이지 않고, 나누는 데 인색하지 않은 교사가 되려고 해요. 다른 이들과 함께 자라는 사람이 되고 싶어요. 정보를 전달하는 것이 아니라, 곁에서 함께 걸어주는 사람이요. 혼자 해내는 사람이 아니라, 서로 연결되며 함께 성장하는 사람이 되고 싶어요.

저에게 국제교류란 외국을 잠시 다녀오는 일이 아니었어요. 오히려 다시 돌아왔을 때, 세상을 새롭게 바라보게 되는 일이었어요. 그래서 저는 앞으로도 계속 움직이려고 해요. 교실 안에서, 그리고 그 너머에서요. 교육이라는 이름 아래, 조용하고도 꾸준한 걸음들이 언젠가 더 좋은 세상을 만들어갈 수 있다는 믿음을 품고요.

에필로그

서로 다른 나라에서, 친구가 되었습니다

처음 한국으로 떠나기 전, 저는 조용한 걱정을 안고 있었습니다. 낯선 생김새, 낯선 옷차림의 내가 과연 아이들에게 받아들여질 수 있을까? 외국에서 온 교사로서, 아이들과 마음을 나눌 수 있을까 하는 두려움이 있었지요.

하지만 그 걱정은 금세 사라졌습니다. 한국 학생들은 언제나 밝은 웃음으로 저를 반겨주었고, 작은 인사 하나에도 따뜻한 관심과 사랑을 표현해 주었습니다.

도니 선생님과 함께 준비한 수업은 매일이 즐거움이었고, 인도네시아 문화를 누구보다도 존중하고 이해해주는 이창근 선생님은 제게 이 여행을 더욱 빛나게 해준 '작은 기적' 같은 분이었습니다.

하루 일과를 마치고, 우리 셋이 함께한 시간은 언제나 힐링과 충전의 순간이었습니다. 하루 종일 영어로 대화하던 긴장이 스르르 풀리고, 우리 셋만 있을 때면 인도네시아어로 마음껏 이야기할 수 있어서 오랜 친구와 함께 있는 듯한 편안함이 자연스럽게 스며들었습니다.

그리고 전주에서 보낸 3개월. 그곳은 이제 제 마음속에 깊은 추억으로 남아 있습니다.

밤이면 덕진공원 연못 위로 퍼지던 노란 불빛들, 그 빛 아래를 걷던 산책길은 하루의 피로를 녹여주었고, 금암도서관 옥상 테라스에서 내려다본 전주시의 풍경은 언젠가 다시 떠올릴 그리운 장면이 되었습니다.

이 만남은 단지 교사로서의 교류가 아니라, 국경을 넘어 친구가 되어가는 과정이었습니다.

다른 언어와 문화를 가졌지만, 서로를 존중하고 귀 기울이는 마음만으로도 우리는 연결될 수 있었습니다.

이 책에 담긴 이야기들이 다른 문화에서 왔지만 진정한 친구가 되는 법에 대해 여러분께 작고 따뜻한 영감이 되기를 바랍니다.

그리고 아직 이루지 못한 작은 꿈이 하나 있습니다.

언젠가, 인도네시아 학생들과 함께 다시 한국의 교실을 찾고 싶습니다.

그날이 오면, 저는 미소 지으며 이렇게 인사할 것입니다.

"안녕하세요. 선생님. 다시 돌아왔어요."

Rahayu Sulistiyani